「最強の内定」を
手に入れる！

新しい転職面接の教科書

Atsushi Fukuyama
福山敦士

大和書房

はじめに

本書は、転職活動における、選考の要となる「面接」をメインテーマにした本です。

僕自身20代で独立し、採用代行の事業を立ち上げ、自社以外の採用活動の裏側も見てきました。その後、東証一部上場企業の取締役人事本部長として、採用活動をしてきました。同時に、転職エージェント・人材会社を経営し、３０００名以上の就職／転職相談に乗ってきました。そして直近まで自ら求職者として転職活動を行い、複数社から内定を頂きました。転職活動・採用活動の表と裏、入口から出口まで、本音と建て前を知っています。

今すぐ転職活動をはじめよう

面接の話に移る前に、まず「転職活動」について少し書きたいと思います。大前提として、僕は転職をオススメすることはありません。基本は今在籍する会社で結果を出す努力を推奨します。ただし「転職活動」自体は激しく推奨しています。

転職活動によって、次のことを実現できるからです。

「キャリアを棚卸しする」

「キャラを変えるきっかけを得る」

この2つです。

転職活動には4つのフェーズがあります。①悩む、②転職活動する、③辞める、④転職する、です。ズルズルと悩んでいる状況と、新しい会社が決まるという状況、この乖離を埋めるのは転職活動だけで、この活動をしないことには決断もできないのです。意外と活動をせずに①悩む、のフェーズで止まっている人が多い所感です。

僕自身はかつて、転職活動をしてみたことで「結果的に転職しない方がいい」「転職してもまた同じ問題にぶつかる」ということに気付きました。また、「そもそも自分が思っている以上に〝できること〟が少ない」ということにも気付けました。一回やってみないことには、転職するか、今の会社に残るかの「決断」ができないのです。この「決断」をすることに価値があり、転職活動の意義があります。

転職活動には誤解がある

転職活動には様々な誤解が存在します。

「私が辞めると会社が回らなくなります」「最低3年間、辞めてはいけないと言われました」「今辞めたら給料支払わないと言われました」「同業他社に転職したら訴えると言われています」などです。

会社によってルールが異なることもありますが、これらは全て誤解です。そもそも職業選択の自由ということ自体、法律で守られている権利です（一部、取締役などは別です）。詳細は本書の20ページの項で説明します。

この手の問題は、社長や上司と距離が近過ぎるゆえに起きる問題とも言えます。

社長や上司と距離が近過ぎると、相談がしづらく、言いたいことが言えない関係になるケースはよくあります。そんな関係性の中、突然「転職（退職）」の話を持ちかけると、上司自身もパニックになり、思いもよらぬ言葉を浴びせられてしまうことも多々あります。その言葉が重くのしかかり、結果的に転職活動をしない人もいます。それはそれで問題ない行為だと思います。ここでは、自分で決めた決断であることが重要です。

面接には作法がある

本書のメインテーマである面接についても触れておきます。面接において、一番理解しておくべきことは「面接には作法がある」ということです。つまり、スポーツと同じようにルールがあるということです。「いやいや実力があれば関係ないでしょ」と思われる方もいるかも知れませんが、そんなことはありません。20代でインターネット大手企業の子会社取締役を務め、独立後2度のＭ＆Ａを実現し、東証一部上場企業の取締役を務め、ビジネス書を累計10万部ヒットさせた僕でさえ、面接の作法を無視した転職面接ではことごとく落とされました。対照的に、転職面接の極意を理解した知人は、転職を駆使したキャリアアップを実現し、30代で年収１０００万円を超え、副業でも成果を出しています。僕の主催するオンラインサロンでは、転職ノウハウの情報交換が盛んです。事実、転職の作法を熟知した人は増えており、転職を機にキャリアアップすることは珍しいことではなくなりました。

昨今の転職市場では、カジュアル面談、ビジネスマッチング会など、惑わされるような機会も多いですが、こと「転職面接の場」には、きちんとしたルールがあります。一番はあなたがその会社に行く前提で「私は入社したいと思っています」という意志を持つことです。そして、最低限面接を受ける会社のことを調べ、入社したらどんな価値貢献ができるか、お互い確認し合うということが求められます。

雑談の中でいくら「うちの会社に来なよ」という声を掛けられたとしても、それと面接とは別物です。どんな誘われ方をしたとしても、面接の場で「大学の先輩から誘われたから来ました」「情報収集に来ました」というスタンスだと、面接は成立しません。面接官は少なくとも「転職面接の場」として設定しており、あなたが自社で活躍できるか否かを見極めようとしています。せっかくあなたに実力があっても、スタンスのズレ一つで、その後の転職面接が不利になり得ます。

転職面接の作法を知っているのと知らないのとではキャリア形成において差がでます。せっかく自身がより活躍できる会社と出会えたとしても、作法を理解していないと、マッチング（内定）に至らないというのは、世の中にとってもマイナスです。

ですが、転職面接におけるプレーヤーそれぞれには事情があります。お互い本音と建て前があります。それぞれに思惑があります。「採用」の意思決定には、多額のお金と感情が動いています。あなたを採用することによって、お金を払う会社があり、お金を受け取る会社や個人があります。面接官があなたを敵と見なした場合、自分の立場を奪う存在として脅威に感じた場合、感情的に「不採用」にする場合もあります。それぞれ人間なので仕方のない話です。よって、真実を教えてくれる第三者の話を聞くことが容易ではありません。僕もそうでした。だから今、こうして筆をとり、同じ苦労をする人を1人でも減らしたいと考えております。

本書は、令和時代の転職活動の教科書として相応しいものに仕上げるべく、転職活動の入口から出口までを網羅しました。「転職活動を始めるにあたっての予備知識」「面接の準備」「内定を獲得するにあたって踏まえておきたい内容」「入社後のマインドセット」などです。

本書を読んでいただき、その通り動いてもらえれば、転職するかしないかの決断をすることになります。どちらの決断をしても、あなたの人生は確実に前進すると思います。人生は選択の連続です。

本書があなたのキャリアを切り開く一助となることを切に願っております。

PART 3 面接の準備をする

PART 4 面接の問答集

目次

PART 5

内定獲得後のポイント

PART 1

転職の現在を知る

転職が当たり前の時代になった

✕ これ誤解です

転職＝ネガティブなもの？

現在でこそ、働き方や生き方を見つめ直す手段として転職への注目が高まっていますが、世代によっては転職のイメージは大きく異なります。ですが、転職はネガティブなものでも難しいものでもなく、現代においては必然的なものになっています。ですが、なぜ未だに転職することをためらったり、難しいと感じる人がいるのか、状況を最初に整理しておきたいと思います。

昭和、平成、令和の異なる仕事観

昭和は一生一社の時代なので会社選びが重要でした。どの会社を選んでも処世術が求められた時代なので、「課長 島耕作」のように一つの会社の中でどう生き残るかという考え方が中心にあります。平均寿命が60才台の頃、文字通り「終身雇用」だったからです。

平成に入ると、昭和に比べて転職というものが表立ってきますが、平成前半の転職の主なイメージは、「転職すると年収ダウン」。外資系に転職して年収が上がる人は勝ち組だと思われましたが、多くは「出世競争からあぶれたから」「会社が倒産したから」といった理由でやむなく転職するというケースでした。転職自体に負のイメージが強く、あまり褒められたものではないという見方がまだまだ強かったのです。

平成後期から令和にかけては、「働き方改革」というキーワードを政府が打ち出して転職・副業がカジュアルになりました。また、会社の寿命も技術の寿命も短くなっている一方で、人間の寿命は延びているという歴然たる事実に皆が気づき始めました。平成以降、企業の倒産とＭ＆Ａ件数は加速しています。会社の起業件数も増えていますが、倒産件数も増えています。こういった背景からも、転職は必然で、「一生一社」が非常に成り立ちづらい時代になってきています。

退職年齢の引き上げや年金受給年齢の引き上げなどの背景も加わり、現在、40代・管理職で安泰に見えるような人であっても、転職を考える人は増えています。ですから、あなたが今臨もうとしている転職活動に限らず、転職というテーマ自体がこれからを生きる私たちに長く関わるテーマであるということを認識してもらえればと思います。

アドバイス

会社の寿命は18歳、人間の寿命は85歳

転職は売り手市場ではあるが…

✕ これ誤解です

次の会社にはいつでも行ける？

現在は人手不足が叫ばれ、転職活動をする人にとって売り手市場であることは確かです。ただ、この認識が気の緩みを生んでいる側面もあるといえるでしょう。

例えば、取引先の会社や仕事関係の数人の方に「うちに来てよ」「好きなときに来てよ」と言われていたとしても、それにもタイミングというものがあります。「いつ行こうかな」とのんびり構えていると、いざ1年後行きたいと思ってもそのポストがもう埋まっている可能性は十分あります。

僕がサイバーエージェントに入社して数年のうちは、社内の人が電通・博報堂へ移るというケースがわりと多く見られました。この時期は、インターネット広告の市場規模がどんどん大きくなっている中、マス広告は市場成長が止まり始めた、まさにそういう時期でした。つまり、市場が大きくなっているインターネット広告のノウハウを持っている人の市場価値が一番高まっていた時期と言えます。仮にその5年後同じような流れでインターネット広告の人が大手広告代理店に行けたかと考えると、これは微妙です。なぜかというと、もう人が足りているかもしれませんし、マス広告の方にもノウハウが溜まってきているかもしれないからです。ですから、前例と同じように行けるという確実性も実はあまりないのです。それだけ、背景やタイミングも大事だということです。

入りやすいときに入り、価値を上げる

つまり、投資と同じように考えると分かりやすいかもしれません。

投資は安く買って、高く売るのがセオリー。まだあまり知られていない気鋭の会社、人気が集中していない会社に入って、自分の実力以上の経験を積み、自分自身の市場価値を上げることをおすすめします。そして、次の会社で自分の市場価値を高く採用してもらうということは、投資家的な考え方と同じです。

アドバイス

現在の大企業より、これから大企業になる会社

会社を辞められないという誤解

× これ誤解です

自分が辞めたら会社が回らない？

就職相談を受けていて多いのが、業務量過多や責任の背負いすぎで辞められないなどメンタル的に支配されているケースです。「自分が辞めたらこのプロジェクトが破綻する」「自分が辞めたら会社が回らなくなる」と言う人はものすごく多いです。こちらが論理的に「そんなことはないです、大丈夫です」と言っても、感情面でそれを受け取ることが難しい人も多く見受けられます。

これはＤＶをする彼氏と別れない女性と構図が似ているように感じます。転職相談で会社の悪口を言うのに辞めない人にはその傾向が実際あります。「ブラックだし、昨日も終電だったんです」「給料が遅れることだってあるんですよ」という発言に「絶対辞めた方がいいですよ」と言っても、「でも私がいないと…」となるのです。「ここまで我慢して、苦労してやってきたのに辞めたらそれがなくなる」「もう少しで報われることを信じたい」という意識、これはソーシャルゲームの課金額が増えれば増えるほどやめにくくなるのと同じ理屈です。人は変化を恐れますし、同じことを繰り返していた方がラクなのです。

未来の時間を失っているという視点

そういう人に言いたいことは、「未来の時間を失っていますよ」ということです。転職相談者にも、「去年も同じ話してましたよね、もし来年も同じ話をしていると仮定すると、あなたの30代は後○年になってしまいます」と話したり、図示したりするとハッとする人は多いです。あとは成功例を聞くことで辞めやすくなるということもあります。さっさと転職をしてうまくいっている人の話を聞くと、気持ちも軽くなりますし、「自分もそうなれるかな」と期待が持てます。周りに成功例がいない場合は、友人のツテで誰かを紹介してもらって話を聞くのでもいいですし、雑誌などで成功談を見るのでもいいでしょう。**理屈だけでなく、感情も転職の方向に向かないとやはり前には進まない**ものです。

20~30代は、結婚する、家を買う、子どもができるという確率が高くなる年代です。境遇だけでいうと会社を出ない理由の方が大きくなってくるのです。だからこそ、一度転職の成功例に触れてみることをおすすめします。

アドバイス

「あと1年」の我慢は、寿命を1年縮めるのと同義

会社選びの肝①

✕ これ誤解です

会社は総合的な条件で選べばいい？

人間は3つ以上選択肢があると決めづらくなります。内定も同じで、せっかく多くの内定をもらったのに選べない・決められないという人がわりといます。

昭和も平成ももちろん選択肢はありましたが、今ほど可視化されていませんでした。例えば、昔から同業他社に行くと年収が上がるというようなケースがあったと思いますが、みんなこの事実を知りませんでした。ですが、今は情報の時代。年収や働く時間、働く場所といったその会社の条件に加えて、自分の住む場所やキャリアプランなども絡んでくると要素がどんどん多くなります。年収的にはこちらだけど、家族のことを考えると…と言い出すとずっと決まらないのです。

解決策は「自分が譲れない軸」

この問題への解決策は、自分の軸を決めること。これに尽きるのではないでしょうか。

年収なら比較は至極簡単ですし、成長するという軸であれば年収や条件を度外視して、高い経験値を得られるところを選ぶでしょう。

例えば、若い経営者の方と話をしていると共通してあるのは「営業を1回やっておかないと」という話。これは、やりたい・やりたくないではなく先のキャリアを考えて経験しておこうという考え方で、年収とは違う発想です。

年収でも経験資産でも家族との時間でも趣味でも、何でも構いません。どれを自分の軸にするかを決めなければ、何も決まりません。ここで肝心なのは、その軸は今回の転職の軸ではなく、**先を見据えてあなたの中で変わらない軸を設定すること**です。ここを動かしてしまうとブレブレになってしまいます。

なぜあなたは今、転職をしたいと思っているのでしょうか？　現職に不満があるとしたら、そこも軸設定のヒントになってくることでしょう。決断するための自分の軸、ぜひ腰を据えて考えてみてください。

アドバイス

ヒントはwebではなく、あなたの過去の決断にある

会社選びの肝②

知るべきポイント

転職者が活躍している会社かどうか？

やはり新卒文化の会社、転職者が多く活躍している会社というのは、企業の体質としてあります。

例えば、新卒文化の会社はなぜそうなのかというと、これはそもそも全体の中の比率として新卒入社が多く、上司もそうで、そうなると新人のときから可愛がっている後輩は抜擢しやすく、活躍しやすいという流れができているからです。そうなると転職組がいるとはいえ、どうしても比率的に新卒の人が活躍しやすい会社になっていきます。

一方、コンサル会社などになると、新卒を採用して手取り足取り教えるよりかは同じ業界でやってきた人の方がすぐ活躍してくれるからいいという考え方で、転職者の比率が高かったりします。これは、外資系金融やベンチャーキャピタルなども同様です。

ですから、企業イメージがどうであれ、**実際の管理職の人は新卒なのか中途なのか、また社長の経歴はどうなっているのか**といったあたりを気になる会社に関してはチェックするといいと思います。ちなみに、割合として新卒が多くても、中途を求めている会社が多いことも事実です。

あまりあてにならない「平均勤続年数」

また、転職者がどれくらいいるかを見る尺度として平均勤続年数という指標もありますが、これは絶対尺度ではありません。というのもベンチャー企業の場合は、創業10年だと、平均勤続年数10年には絶対なりません。私がサイバーエージェントに入ったときの平均勤続年数は確か4年くらいだったように記憶しています。そこだけ見るとすぐ人が辞めるように見えてしまいますが、それは単に会社自体の歴史が短いからというだけの理由です。新しい企業の場合はあてにならないことも多いので注意しましょう。離職率については7%前後が健全だと考えられています。また、昨今はリストラのニュースなども多いですが、会社としての「入れ替え」を図っているのであれば、求職者にとってはチャンスが多いです。逆に「人を切る」だけのリストラはチャンスが少ない会社なので、どちらのタイプのリストラなのかは知る必要があります。

アドバイス

リストラしている会社は変革のチャンス

会社選びの肝③

知るべきポイント

大企業だから、という思考停止は危ない

「若者の大企業離れ」が各地で起きています。「会社に入れば安定でしょ」という考えが間違っているのと同じように、「大企業だから安心」とは、もはや言えない時代になってきています。これは経営者目線になればわかりやすい話ですが、会社の規模が大きくなればなるほど舵を切りづらいという側面があります。

例えば、トヨタなどは車産業によって、子会社も含めると何十万人ともいえる規模の人材を雇用しています。だからこそ、自動運転技術を簡単に認めてしまうと雇用しているうちの一定の割合の人の仕事がなくなる可能性があります。そうすると、グーグルがいくらそれを推進していても、簡単にはその方向を受け入れづらくなります。印刷業界も同様で、ネットビジネスをもっとやらなければいけないという課題がある一方で、従来の印刷技術でやっている人たちのほうが多いため、あまり急にそこを広げられないという現象がありました。このようなイノベーションのジレンマは各業界で起きています。一方、小さ

い会社はピボットしやすいので、「はいこれダメ、次！」と転換しやすいのです。大きいから安定というのは、むしろ逆と捉えたほうがいいかもしれません。大きい荷物を抱えて走ったほうが、転んだ時の被害が大きいのです。

若者の親世代の困難への直面

僕自身、若い人たちの変化を実感しています。社会人になってから毎年、大学生向けの就活相談会を続けていますが、２０１０年代前半は「安定した会社に入りたい」「大企業に入りたい」という意向が顕著でした。一昨年くらいから「手に職をつけたい」「自分の実力をつけてキャリアアップ前提で就職したい」という子たちが増えてきているのです。これは世代的に、大学生の親御さんが管理職の年代で自分たちも定年まで安泰でないことを実感しているからです。親自身も以前のように「公務員になりなさい」「大企業に入りなさい」と言えなくなってきている時代なのです。自分のやりたいことが大企業でしか実現できないケースもあると思いますが、**単にブランドで選んでいないか、知名度だけで選んでいないか**ということは改めて自己認識しておいた方がいいでしょう。

アドバイス

「これから大きくなる会社」を選ぼう

社長に連絡するというやり方

✕ これ誤解です

社長に直接連絡するのは失礼？

現在は、個人のＳＮＳで情報発信ができる時代。会社の経営者でＳＮＳアカウントを持っている人も増えています。若い経営者に限った話にはなりますが、連絡手段はツイッターが一番いいでしょう。会社のホームページにある問い合わせフォームから行くよりもレスが早くもらえます。

目上の人にＤＭを送るなんて失礼だ、と躊躇する人もいるかもしれません。特に世代が上がるほどそういう人は多い傾向にあります。ですが、この考えは思い込みです。社長がＤＭを開放しているのであれば、それはすなわちメッセージを送っていいということです。現に僕のツイッターアカウントにも10代の子たちから容赦なく連絡が来ます。最初こそ僕も驚きましたが、時代はこうやって変わるんだなと感じたものです。今、社長たちが続々とツイッターを始めているのも**人事ツールとして使っている側面**が大いにあり、「ツイッターで採用した」と言いたいのです。

これは採用コストがゼロですし、自分自身の発信に共感してくれている人が応募してくれたということが明確だからです。

気軽なツールだからこその配慮を

ＳＮＳで連絡をする際に気をつけたいのが、まずは時間帯。メールはＰＣだけで見る人も多いですが、ＳＮＳの場合はスマートフォンに通知が来てしまうので、印象を良くするためにも時間帯はできるだけ営業時間内がいいでしょう。

また、メッセージもいきなり本題に入ってしまうと失礼に思われるので、「突然のご連絡失礼します」「いつも〜を拝見しています」というふうに始める丁寧なメッセージの方が角が立ちません。ここで、「ＳＮＳだから短くしないと」という気遣いは無用です。丁寧すぎるくらいに書くことで常識人ということが伝わります。

連絡をするタイミングは、その社長のツイートが広がっている時や、イベント・講演会で登壇した日の夜か翌日がベストでしょう。

アドバイス

ＳＮＳで連絡する時ほど時間や言葉に注意を

転職活動の効用

これ誤解です ×

辞めるときでないと活動すべきでない？

会社がなくなるスピードが速くなっているのに、人間の寿命は延びているから転職は大前提になっています。定年年齢も引き上げられ、今この本を読んでいる人たちはこれから先、長い仕事人生が続いているということを認識している人が大半だと思います。ですから、自分のキャリアを可視化するということが相当重要で、「はじめに」でも書いた通り、今すぐに転職をすること自体はさておき、転職活動自体はみんな絶対にした方がいいと感じています。

僕は、初めての転職活動を新卒入社後2年たった頃にしました。転職サイトに登録したところ、スカウト案件がいくつか来て面接にも行ったのですが、そのとき初めて社外の人にいかに自己紹介ができないかを痛感しました。頑張って自分のやりたいことや経験を話すのですが、面接官は全くピンと来ていないのです。なぜ伝わらなかったのか、それは以下のことが挙げられます。

・自分がやってきたことを表現することが練習できていなかった
・新規事業の起ち上げをやっていたため企画も開発も営業も運用も全てやっていたが、その全部を伝えようとしすぎて、逆に「中途半端な人」という印象を与えてしまった

また、仕事の成果は他人に評価されて初めて価値がつきます。「わかる人にわかればいい」というスタンスは、自分の価値を下げかねません。そのとき、自分のキャリアを満足いくものにしていくためには、職務経歴書の部分に自分の実力を埋められるくらいにはしないといけないと思いました。

1度転職活動をすることで、自身の職務経歴の棚卸しができます。

会社を移るべきか、残るべきか

また、会社を出るべきか残るべきか長い間悩んでいるような人にも、まず転職活動を始めてしまうことをおすすめします。転職に限りませんが、何かを変えるのは誰しも怖いことです。ずっと悩んでいるような人は、怖い気持ちが勝ち、結論、現状を変えない方が心の平穏は保てるため、それを続けているだけという人も多いのではないでしょうか。ですが、それは「変化したときのよさ」を知らない選択であることは事実です。こういう状況だと会社に留まっている自分を正当化したいので、転職失敗の情報ばかりを自然と集める

ようになるのです。それならば、動かないで今の会社にいるより、「転職活動をし、内定とったけれどこれを断ってこの会社に居続ける」という選択もあるのではないでしょうか。僕自身、最初の転職活動で内定こそ取らなかったものの、「行かない」と決めたことによって元いた会社で活躍することができました。これは紛れもない事実ですし、これは絶対ポジティブです。決断をちゃんとすれば、会社が変わらなくても自分が納得してここにいると思えるからです。

自分のリブランディングができる

また、転職の効用については、「自分の実力は同じなのに、初対面の人と新しい場所で仕事することで、キャラを変えてリスタートできる」ということが挙げられます。

正直、新卒で入社して、仕事ができないというところからスタートすると、キャラってなかなか変えにくいというのが実際です。僕も「後輩キャラ」でサイバーエージェントに入社したので、未だにサイバーエージェント時代の先輩に会うと、そのキャラクターが出てきてしまいます。

ですが、仕事をする上で、「自分のキャラクター」はすごく大事なものです。今のあなたのキャラクターが、あなたにとってポジティブなものでなくて変えたいのであれば、転職はそれを変える大きなきっかけになります。

転職によって、自分で新しい自分をつくりだせるのです。自分をリブランディングする、このきっかけとして転職は最強です。

転職デビューしよう

「大学デビュー」「社会人デビュー」という言葉があるように、「転職デビュー」という概念があります。現職の人に揶揄されても、決してくじけないでください。あなたの価値は過去ではなく未来にあります。過去を悔やむのではなく、未来への期待をしましょう。転職活動は人生を変えるきっかけになります。人生を変える方法はたった3つです。「使う時間」「付き合う人」「住む場所」のいずれかを変えることです。転職活動は2つを一度に変える可能性があります。くどいようですが、「転職」をするかしないかは別の話です。まずは、自分の可能性を確かめに一歩踏み出してみてはいかがでしょうか。

アドバイス

転職活動は定期健康診断のようなもの

年収についてどう考えるか

✕ これ誤解です

年収アップが転職の成功？

あなたの現在の年収は、あなたの会社の人事評価制度に則ったものになっているはずです。そして、その評価制度の中にいる以上は、どれだけ結果を出しても劇的に年収が変わるということはありません。一般的な人事制度とはそういうものです。

一方、転職市場価値は相場で決まっていきます。ですから、年収が受ける業界での平均年収に応じて変わってくるという点では、年収アップの可能性はありますし、逆にダウンする可能性もあります。

結論としては、「年収アップ＝転職の成功」と思い過ぎず、年収にこだわりすぎるのは止めた方がいいというのが僕の考えです。

生涯年収を上げるなら、経験資産を

例えば、とあるベンチャー企業のお給料が高くて生活水準を下げたくないから他に移れ

ない、とある日系大手企業では今の給与はそこまで高くないけれど手当が手厚く、この先年収が上がっていくことが見込めているから転職という選択を選べない。こういう人は意外と多いです。会社からすれば、離職率を下げたくてそうしているので、その点では成功しているといえますが、あなた個人の人生を見渡したときにそれは本当に得策でしょうか？

家計に置き換えて考えてみると、本当は旅行にずっと行きたいのに、目に見える貯金額が増えているからそちらで満足をしてしまって、節約を続けているような状況です。つまり、目先の貯金を追いかけてしまって、未来の経験資産を失っているのです。

また、今現在の給与が低い人に関しても**給与＝評価ではない**、ときちんと認識することが必要です。

「何ができるか」「どんな価値を提供できるのか」

こちらの積み上げていく経験資産の方がゆるぎない価値です。あなたの長年のキャリアを下支えして、開いていってくれるのは、向こう数年の年収ではなく、積み上げていく経験資産の方ではないでしょうか？

アドバイス

年を経るにつれて、経験資産に差がつく

PART 2

転職エージェントと面接官を知る

転職サイトへの登録は必須か？

知るべきポイント

○ 全員使ったほうがいいとは限らない

転職市場が活況となり、転職関連サイトが増え、そこに存在する転職エージェントの数も増えています。それぞれのエージェントで得意分野、性格、方向性も違います。転職をするには、絶対に転職サイトに登録したほうがいいかというとそんなことはなくて、「本当に入りたい会社」が具体的に決まっている場合は使う必要はないと思います。直接会社に応募して成功している人だって一定数います。私の在籍していた会社でも、直接応募の人の採用率は高かったです。採用コストもかかりませんし、入社までにお互いちゃんと理解する時間が持てるところもメリットだと言えるでしょう。

エージェントのメリットとは？

では、どんな人はエージェントを使うといいかというと、「転職する」がまず第一にあって、「絶対ここ」という会社がない人は登録するといいのではないでしょうか。エージェントを挟むメリットとしては、次のようなものがあります。

①複数社の比較ができること。

②「受けに来たけど、あなたの会社が第一候補ではありませんよ」という言い訳がしやすいこと。つまり、会社側も求職者側もお互い選べるということです。

③緩衝材として間に入ってもらえること。エージェントには本音も言えますし、断りたいときもエージェントが本音を先方にオブラートに包んで伝えてもらえるようお願いすることも可能です。

④事務的な作業の軽減。面接後のお礼メールといった事務的なことに関してもエージェントが引き受けてくれます。

私は採用側としても、求職者側としてもお世話になったことがありますが、確かにこれはラクだなと感じました。また、エージェントを使うと面談回数が増えて自己紹介が上手くなり、ある種転職活動も上手くなるので、そういった意味合いでは上手に使えば得るものも多いのではないでしょうか。

アドバイス

転職は直応募、転職活動はエージェントを活用しよう

転職エージェントの賢い活用法①

知るべきポイント

自分のスタンスを明確にする

転職活動において、転職エージェントを使う理由はおおよそ次の2つです。

①意中の会社に入るための手段・繋ぎ役

②情報収集

①は、知り合いがいない会社、ツテがない会社を紹介してもらえるという価値ですし、②は、自分が知らない会社を紹介してもらえるという価値です。

①の場合は、エージェントにとって、**あなた自身がメリットのある商材になる必要があります**。つまり、アピールポイントを明確にして、「この人を企業に紹介したら私たちのビジネスにとってプラスになる」と思ってもらうことが大事ということです。

②の場合は、「悩んでます。転職するかどうか、受けながら決めたいんですけど、いいですか」と明確に最初に伝えた方がいいでしょう。そうすると、いろんな求人を紹介して

くれるはずです。

転職エージェントが転職者を商品として扱っているということがややネガティブに言われることもありますが、本来は求職者側もメリットがあってお願いしている話のはずです。より良い情報、良い条件を引き出すために、スタンスを明確にするというのは大事なことです。

スタンスが曖昧だと損をする

①と②を両方しようとすると、エージェントに対して返信が遅くなったり、求められている情報を忙しくて出しきれないということが起きてきます。返信が遅くなると、せっかくいい求人があっても、「別の人に紹介しよう」となってしまいます。もしくは情報収集のつもりで簡単に登録しておいただけの人が、転職活動に本腰を入れようと気持ちを切り替えても、担当者からは「あの人、連絡しても返事返ってこないからな」と思われて、損するケースがあります。登録するからには①なのか②なのかをきっちり先方にも伝えるようにしましょう。

アドバイス

うまく活用するコツはレスを早くすること

転職エージェントの賢い活用法②

知るべきポイント

漫然と登録しない

昨今は多くの転職エージェントがありますから、どこがいいのかと迷うケースも多いのではないかと思います。選ぶ基準は2つあります。

1つめは、**希望する業種業界に明るいかどうか**です。リクルートエージェント、パソナキャリア、パーソルキャリアのように網羅的にやっているところもありますが、業界特化型もあるのでそこのチェックは必要かと思います。

2つめは、**エージェントの人の質**です。これは正直、担当になった人がどうかを求職者が見極めるのは相当難しいと思います。そこで、ベターな選択をするという意味では、複数のエージェントに登録し、**2人以上の担当者と会って「この人なら信頼できる」という人を探すのが得策**ではないかと思います。

補足として、求人サイトに登録する話と、エージェントで担当についてもらうのは別の話です。今回の転職はエージェントに担当してもらいたいのであれば、転職エージェントが存在する会社の転職サービスに登録しましょう。

自分に合う企業を提案してもらうには？

転職エージェントから、より自分にフィットした企業を提案してもらうためには、まずはスキルを可視化しましょう。**転職市場においてあなたは商品です。あなたの商品としての価値を明確にすることが大事です。**そうすることで買い手を募ることができますし、あなたが選べます。最低限の商品価値を発揮できれば、入社後もその会社での居心地がよくなります。その上で、企業は外から見えるイメージと内部の実態に乖離があることもあるので、価値観や文化に目を向けるといいでしょう。

正直、どの会社も入ってみないとわからないというのが実際のところです。誰と仕事をするかによってもその化学反応は変わってきます。最低限自分が価値貢献できるか否か、そして実績として再現性のある力があるということ、この2つを示す以外にやれることはありません。ここが合った上で、お互いが求める成長の角度や速さが合っていれば、最初の段階としてまずは良いのではないでしょうか。

アドバイス

自分に合う会社＝自分が活躍できる会社

転職エージェントの賢い活用法③

知るべきポイント

譲れない条件は伝えておく

面接のときに休日や福利厚生などの「ディフェンシングな質問」は自分からはしない方がいいと思いますが、これは転職エージェントを使っている場合はなおさらです。条件面でどうしても譲れないことに関しては、エージェントに登録する際に希望をしっかりと伝えて、紹介してもらう企業はその条件をクリアしているところにしましょう。土日休みや残業の時間、給与、出社時間、そして育休産休や介護休暇がとれるかといったプライベートで重要なこともエージェントを介してクリアにしておきましょう。こういった聞きづらいことをエージェントに委ねることで、面接の場では攻めのアピールがしやすくなります。

制度をつくるには時間がかかる

例えば、ゆくゆく出産して産休育休をとりたいと希望している女性がいたとします。これに関して、「そのときになったら会社に交渉すればいい」と考えるのはオススメしません。こういう問題は、**後からどうにかできるようなことではなかったりするからです。そもそも制度変更には時間がかかります。**入社の段階で容赦なく我を通した方がいいのです。また、同様に制度面で確認しておきたいのは、その福利厚生制度に関してちゃんと実例が社内で回っているかどうかということです。

例えば、フレックスタイム制度を設けていると説明には書いてあっても、「活用されていますか」と聞くと、「いや、みんな結局朝から晩まで会社にいます」だと無意味です。**制度だけあって誰も使っていないということは割とよくある話なのです。**人事部や経営層もその制度に対して「実績をつくる」「実例をつくる」ということに関しては気にしてやっているはずなので、それなのに実例がないという場合は絵に描いた餅で、まだその会社が環境的に追いついていないということです。その場合、書かれている制度にはあまり期待できないと思った方がいいでしょう。

せっかく転職して、苦手な環境で戦う必要は全くないので、入社後の自分が活躍できるか確信を持つためにもこの確認作業は怠らないようにしましょう。

アドバイス

聞きづらいことはエージェントに任せよう

面接官のメンタル①

知るべきポイント

単に「目の前の仕事」を助けてほしい場合

面接官にもいろんなケースがあります。ここでは、募集している部署の現場担当者レベルだった場合の話にしましょう。人が減った、穴が空いたといっても即それで仕事が回らないわけではありません。

むしろ、だいたいの会社はそういう状況にありながら仕事を回しています。任された現場担当者本人がめちゃくちゃ忙しい場合は、単に「自分の業務を手伝ってくれそう」という観点から採る場合があるかもしれません。ですが、これは単にその人が見えている世界での必要度です。経営目線を持っている面接官であれば、その人が活躍できそうかという本質的なところを見ますが、この場合そうではありません。

単なる「業務委託社員」にならないか？

ですから、募集を見ている時点であまりにも「欠員補充だな」「急いで募集しているな」

というのが見えすぎている場合は要注意です。ここには、**「一緒に成果を出そう」「一緒に高みを目指そう」という意向がない**ので、求職者自身のキャリアが高まらない可能性があるのです。単に「人の手が足りなくて回らないから、その労働力を提供してください」という感じだと、プラスオンのキャリアが作りにくいかもしれないということです。

本来一時的な労働力として欲しい場合は、業務委託をする・プロフェッショナルにお願いをするということをしたほうが企業にとって合理的なはずです。ですが、仕事の切り分けがうまくできていなかったり、指示を出すのが難しいから、社員になってもらうという発想です。いてくれれば、仕事が伝えやすいからということです。今できることをただする、それで構わない人はもちろんいいのですが、キャリアを作るという意識がある人は注意して見たほうがいいでしょう。

募集に関しては、その会社が弱い領域に関して募っているのであれば、会社として伸ばしたいところをなんとかしようということですので、ポジティブですし、あなたのレベルが上がるチャンスのある募集だと考えられると思います。

アドバイス

欠員補充なのか仲間の募集なのか

面接官のメンタル②

知るべきポイント

棘《とげ》を隠して振る舞った方がいい場合

「人事部」「総務部」などは現場担当者とは違います。さらに、「経営層と話をしている面接官」と「経営層と話をしていない面接官」で考え方や採用基準が違います。これは、その人のポジションによって見えてくる課題が異なるからです。ここでは、「経営層と話をしていない面接官」について見ていきたいと思います。

基本的には、**採用を自分の成果にしたいという人が多い**と考えてください。採用は他の仕事に比べて、短期間で成果が出づらい業務です。だからこそ、目先の採用件数にこだわる傾向があります。採用した人が、入社後どれくらいの期間で成果を出すかというのは決定時には測れないからこそ、採用人数が目標１００人に対して、「１００%達成です」と言いたくなりますし、表面的にいい人を採ることにこだわります。「東大出身が3名とれました」「○○銀行の内定を蹴ってうちに来てくれました」と言いたいのです。これは、仕事ができる面接官ですら、そうなのです。

また、それ以外で言うと、現状の視野で**「今いる社員と順応してやれるか」**というところが大きな基準になってくるでしょう。採用した後に、他の社員とうまくいかないと「なんでこんな人採ったの？」と責任追及される流れが見えてしまうのです。もちろん自分が不採用と判断するのはエネルギーのいることです。明らかにおかしい人は理由をつけられるから落とせますが、迷った場合は大体通して、あとは上が決めればいいというところもあります。

このタイプの面接官はどちらかというと減点方式なので、一次面接では減点されないことに注力したほうがいいでしょう。例えば初回面接からピンクのネクタイなどで個性を出す必要はありません。ここは負けないための戦いが求められます。アピールよりも負の印象が残らないことの方が大事です。社内に馴染むかという観点も含め、「扱いやすそうな人」「常識的」「失礼がない」と見せて突っ込みどころを減らすことが大切です。棘を隠して従順に働きます、という姿勢で臨めば突破しやすくなるのです。

アドバイス

多くの面接官は減点しかできない

面接官のメンタル③

知るべきポイント

個性を出していい場合

次は前項とは違い、経営目線のある面接官や最終面接などにおいて社長が面接官であった場合の話に移ります。先ほど、経営目線のない面接官の場合は「今いる社員とうまくいきそうか」という点を重視すると伝えましたが、ここでは話は逆になってきます。

経営目線だと、和を乱さない人よりも**尖った人材が欲しい**という話になるのです。特に「創業者」は顕著です。これは、違った色を持っている人が会社にとって後々絶対に必要だとわかっているからです。つまり、今目の前で欲しい人材と将来的に欲しい人材は違うということで、経営層は目の前でなく未来にまで視野を持っているということです。また、経営目線のある面接官は減点方式ではなく加点方式となりますので、ソツがないことよりプラスαの要素が欲しいと考えます。

面接に来た人が、既に自分で事業をやっていたり、会社をやっていたりした場合、単に人事部の一員としての面接官が相手をした場合は、会社員としての感覚や常識から大きく外れているため、受け入れがたくなります。ですが、これが経営層なら、会社に大きく力になってくれそうな人が来た、と歓迎するでしょう。

この例からもわかるように、「言葉遣いはきついけど、すごく輝くものを持っている」というようなことは経営陣でないと判断できないのです。「経歴的には空白期間があるが、本人の馬力は凄いものがある」というのは、最終的には本当だったとしても、経営陣でない面接官は言えません。

だからこそ、選考が進み**経営層との面談で初めて棘や個性は出せばいい**と思いますし、日頃「自分って尖っている」「いつも周りから浮いてしまう」「一次面接も落ちてしまう」と思っているような人ほど、社長にコンタクトを取るのが合っていると言えます。一次面接では落ちる人が、社長だと通るということもままあるからです。

最後に補足をすると、同じ社長でも創業社長と雇われ社長でも差があります。創業社長は明確に自分より優秀な人を採ります。これはオーナーだから自分が社長じゃなくてもいいという発想からです。雇われ社長は自分の席を奪われる可能性があるので自分より優秀な人は採らない傾向があると言えると思います。

アドバイス

創業社長の面接ではとことん個性を出そう

「この人欲しい」の基準

○ 知るべきポイント

この会社で活躍できるイメージが湧くか

非常にシンプルな基準ですが、要は「この会社のメンバーとして働けるイメージが持てる」ような、ポジティブな関係性を面接の時間内につくれるかどうかです。

例えば、経歴に文句のつけようがない頭が切れる人が来たとしても、頭からその会社の問題点や改善点をビシバシ指摘し始めたとしたら、多くの面接官は「すごい人なのはわかるけど、うちに来てメンバーとして一緒にできるかな」という点で「ちょっと無理だな」と思ってしまいます。経歴はさておき、会話がうまくできて「なんか面白そうだね」「一緒にやってみたいね」となったら、活躍できるイメージは湧きます。

面接官とは言っても一応その会社を代表しているので、その会社のイメージ、共通項となる何かをその人自身も持っています。面接官と会話ができてコミュニケーションできるのであれば、他の人ともうまくやっていけるかなと面接官は思えます。やはり彼らは、「自分の会社の社員とこの人が一緒に働くイメージが湧くか」というところを見ています。

経歴部分のスペック的なことを除いた場合は、**やはり相性が一番大事になってきます。**

2〜3回で入社を決める難しいゲーム

そもそも、2〜3回程度の面接で採用を決めるということ自体が、かなりチャレンジングなことです。2〜3回のデートで結婚する人を決めるのかということと照らし合わせると難しいことをしているとわかります。でもこれをポジティブに捉えるとしたら、「たった2〜3回会っただけで話が合うということは大丈夫だよね」という話です。試しで10回、20回働いて順応できるか見るという考え方もありますが、それはお互い時間の無駄だということです。

ですから、もっと回数を重ねて会えば「この人活躍できそう」と1回目2回目より思ってもらえる人は絶対いるはずなんです。ですから、面接官が見落としていることも相当あるのは事実です。その短いチャンスで価値を出すことを求められるのが転職面接なので、そこに全力を出す最低限の準備はやはり必要だといえるでしょう。

アドバイス

1回の面接で全てを見抜くのはお互い無理な話

面接官が嫌がる求職者①

これダメです

すっぽかす、迷う、権利を奪いにくる

初歩的なことになりますが、面接でのNG例をいくつか紹介できればと思います。

①すっぽかす

何の連絡もなく面接をすっぽかすという人というのは、実際います。これは単にその会社から内定が出ない以上にまずい行為なので絶対に避けるべきです。つまり、履歴書を先にもらっていてすっぽかされたりすると、名前もわかっていますし、今その人がいる会社に知り合いなどがいた場合は、不穏な噂が広まる原因にもなります。特に業界内異動の場合は、礼儀を通さないと**自分の首を絞めることになります**。現職のまま転職活動をすること自体は悪くありませんが、筋が通る形で進めたほうが後々自分を守ります。

②迷いながら面接に来る

これもたまにあります。「私はこの先どうしたらいいでしょうか」というスタンスで来られても面接官は困ります。**面接官も貴重な時間を割いています**から、「入りたいです」という前提で臨まないと、建設的な話になりません。「この先のキャリアをどうするか迷ってます」だと双方にとって時間のムダになります。

③最初から権利を取りに来る

またよくあるのが、「副業できますか」「休みはどれくらいありますか」と権利を取りに来る質問を面接の前半にしてしまう例です。確認した方がいいことではありますが、最初にそれを持ってくると相手がどう思うかを考えた方がいいということです。面接官からしたら、権利を奪い取ろうとして来ている感じがするので単純に不快感があります。求職者としては**価値の提供に来ている**というスタンスが求められます。これは、転職面接ではなく、友人や家族関係に置き換えればすぐわかる話です。

アドバイス

「面接」と名のつく会は公式の選考の場です

面接官が嫌がる求職者②

× これダメです

御社に入るのが夢でした

これを僕は「プロ野球選手になるのが夢でした理論」と呼んでいます。入団会見でこの発言をする人は活躍しなくて、もっと先の目標、「メジャーに行く」「日本シリーズで四番を打つ」と言えるような人が活躍しているのが現実です。「アニメ業界に入るのがずっと夢だったんです！」と言われてしまうと、そこから頑張る可能性ももちろんありますが、面接官からすると「じゃあ入社したら終わり？」と感じてしまうのです。広告の業界でもよくあります。電通に入りたいと思っていて実際に入れたのに、広告業界ってこんな仕事だったのか…とイメージと現実のギャップに打ちひしがれ辞めていくといったケースです。希望の異業種に転職するという場合は、イメージが先行するケースもありますので、ここは自問してみてください。

それで、「確かに入ることを目標にしてしまっていた」と感じたら、嘘でもいいので目標はもう少し先において、**「こういうことをやりたくて、そのプロセスとして御社に入社**

し、実現していきたいんです」と語ることが大事です。こういう方が面接官側もその先が見えますし、求職者側も万が一縁がなくても納得がいくのではないでしょうか。

会社ではなく、実現したいことファーストで

特定の企業にこだわりすぎると自身の可能性を狭めます。例えば、「教育に携わりたいからベネッセ」というのは一側面では合っていますが、絶対解ではありません。ＩＴ企業に入ってタブレット端末用の教材をつくるという方向もあるかもしれませんし、学校法人という選択もあります。オリンピックに携わりたい時、電通に入る手法もありますが、国の機関で働く方法も、大企業でスポンサーとして関わるという方法もあります。

「この会社」にこだわるより、やりたいこと・実現したいことファーストでキャリアを考えた方が、結果的に良い会社に出会えます。日本には４００万以上の会社が存在し、あなたが知らない会社の方が多いのです。いずれにせよ、過去・現在・未来を見たときに、転職活動を決して未来に位置させるのではなく、現在に位置させる視点が重要です。

アドバイス

入社がゴールの人をあなたなら採用しますか？

「カジュアル面談」は本当にラフ？

✕ これダメです

「一次面接ではないでしょ」という余裕

最近、面談・面接の形式として増えてきているのが「カジュアル面談」です。なぜかというと、「面接する人の頭数を増やす」ためです。

例えば大企業の場合、「今年の採用目標が１００人、それなら10倍の１０００人は面接をしないと」という会話が社内で起こります。ここで人事部の実務にあたっている人が、「指定の時間にスーツで面接に来てください」というふうにしすぎると間口が狭まってしまうので、「カジュアル面談です」「服装も自由です」「時間もここの時間帯の好きなところで構いません」と敷居を下げて、頭数確保のため、と言えるでしょう。

これとほぼ同じ理由で、転職エージェントが大企業からの委託で、面接人数の目標を課されているような場合にも、敷居を低くして人を集めやすくするために「カジュアル面談」はよく用いられます。**「～人、人を集めましたよ」という実績をつくるための工夫として行われていることなのです。**

これは採用の本質とはかけ離れた話ですが、企業の人事メンバーやエージェントの担当者が目先の目標や成約数に気持ちが行ってしまうが故に起こっていることです。受ける側もこういった採用する側の事情や、この状況だからこんな打ち出し方をしているのだということを少し理解しておけるとよいと思います。

本当に面談か、履歴書は不要か確認を

ちなみに、実際のカジュアル面談についてですが、受ける側としては普通にその言葉通りとらえる人が大半です。ですが、それで私服でふらっと面談に行ってみたら、「履歴書をお願いします」「え、持ってきてないんですか」となるケースが多々あるのです。これは受ける側としては「話が違う」という感想を持って当然です。こういった後味の悪いことを避けるためにも、カジュアル面談だと言われた場合も念のために「面接ですか？」「履歴書は必要ですか？」ということは聞いておいたほうがいいかもしれません。服装もあまりにラフなものは避けたほうがベターでしょう。

アドバイス

採用担当も目先の目標を追っている

面接官も採用のプロではない

知るべきポイント

面接官の評価は一面的なものである

採用は誰が行っているのか、これは会社の規模や採用人数などによってまちまちです。比較的規模の大きい会社では人事部が採用の取り仕切りをしますが、ひと口に人事と言っても採用だけでなく、育成・人材配置・人事考課制度の運用や改善など多岐にわたった仕事があります。ですから、採用だけを仕事としてやっている人は稀です。つまり、人事も採用のプロではないということです。これが仮にリクルートの現場で10年以上やって、独立してからも人材事業を10年となればプロと言えます。中途採用の面接官の多くは「採用のプロ」ではありません。つまり、**あなたを正しく評価できているとは思わない方がいいのです**。縁がなかったとしてもあなた自身を否定されたことには全然なりません。むしろ、見る目がないくらいに思っておいた方がいいでしょう。

アドバイス

採用のプロでさえ見極め率100%ではない

面接の後にお礼状は必要？

知るべきポイント ○

必要ない

面接の後にお礼状を送ることを推奨している場合もあるようですが、基本的には必要ありません。採用側もお礼状の有無で何かを判断することはありません。可否についてはあくまでも面接の場で判断してもらうべきです。逆に難しい人からお礼状をもらっても断りづらくなり困るということもあります。ただ、印象を良くしたいからではなく、面接官への判断材料を増やすという意味での面接後のメールならいいでしょう。たとえば「面接で話題に上がった実績はこちらです」とＵＲＬを送ったり「この事業が話題になって、ネットでもバズりました。後ほどお送りします」という会話の後でその記事のＵＲＬを送るというのなら自然ですし、**面接官自身が社内を通す時に必要な材料を補足するという観点**からはいいアクションです。

アドバイス

手紙がなくても採用される人は採用される

PART 3

面接の準備をする

面接準備はいらない？

知るべきポイント

準備せずに内定をもらえる実力があるか

転職市場は売り手市場だし、実務の経験も積んできているから下調べはそこまで必要ない。そう感じている人も多いかもしれませんが、これは大きな誤解です。いざ、面接となったときに、会社の業務内容がどんなものか、上場しているかいないか、プレスリリース情報など、会社からすると知っておいてほしい「発信している情報」を、採用面接を受けに来ている人が受け取ってくれていないというのはビジネスパーソンとして持ち合わせるべき最低限の情報収集能力がないのでは、と感じてしまいます。こういった内容を一から説明するのは、会社側からすれば負荷ですし、何より仲間になれるイメージが湧いてこないのです。

反対に、「この前、テレビに商品が紹介されていましたね」「先日、新しいサービスがリリースされましたね」と受けている側が言えると、面接官もその人が**仲間になっているイメージが湧く**ので採用稟議を上げやすくなります。

自分がその会社を受けるという意識を

なぜ、こういった調べれば本当にすぐわかるような情報なのに調べていない人が意外と多いのかと調査したところ、「転職エージェントから提案されて面接に行っているから」というのも一因だと感じました。スカウトメールが来て、「この会社はあなたみたいな人を求めていますよ」と言われてしまうと、**「お客さま」として面接に行ってしまう**ということです。これが受け身につながっているのでしょう。

自分で採用ページを見て応募をしてきている人なのか、エージェントからの薦めで来ている人なのかは、その人のスタンスにも表れます。かたや「会社四季報を見て、質問したいことがあるのですが」と話す人、「今回、採用された場合、最初にやる具体的なお仕事ってどんなものですか」と話す人では大きな差があります。エージェントからの薦めで面接を受けること自体はまったく悪いことではありませんが、受ける以上は、事前に自分ができる範囲の下調べをしておきましょう。最低限、プレスリリースだけは見ておきましょう。

アドバイス

下調べ＝質問を用意すること

面接前にやっておきたいこと

知るべきポイント

自己紹介URLを送る

面接官は多くの求職者に会っています。前提として、初対面でたった1回の面談でその人の全てを知り、覚えるのは無理です。なんなら、名前すら覚えていないケースだってあります。そこで提案したいのが、面接の前に自己紹介URLを送るということです。

エージェントを経由している場合はエージェントを通して、直接応募の場合は日程調整などで必ず1〜2回やりとりをすると思うので、そこに差し込めばいいと思います。「日程をご調整いただき、ありがとうございます。私の自己紹介ページはこちらです」といった文言にURLを添えてください。これだけで他の応募者より一歩有利になります。

というのも、**99%の人が履歴書・職務経歴書を送るだけだからです**。面接官もこの書類だけで違いを見つけるのは結構大変で、チェックする部分といえば「この会社にいるのか」とか「転職回数はどれくらいか」というくらいのことで、事前にじっくり読むということはほとんどありません。一番読み込むのは面接の時間中だったりします。

相手に問いを投げることの有効性

これ一つで、ほかの応募者より確実に接点が増えるので話題が増えます。忙しい面接官に対して事前に話題を提供するという意味ではマナー的にも好印象です。内容としては、「野球をやっていました」というような履歴書には書けないこと、質問してほしい・突っ込んでほしいところ、書類では伝えられない未来の話などを入れるといいでしょう。ＳＮＳのプロフィール、ブログ、ｎｏｔｅでも大丈夫です。

これは面接官だけでなく、自分のことも助けてくれる動作です。情報を先に預けておくことで、**質問される内容をコントロールできるため、こちらも答えやすくなります**。また、たくさん人を採っている会社だと「ビジョンに共感しているか確認しましょう」「前職を辞めた理由を聞きましょう」といった質問フォーマットがあるところも多いのですが、それではその人のよさが出ないというケースもあり、その他大勢と差をつけるためにも有効な手段だと言えます。

アドバイス

先手必勝。堂々と事前アピールしよう

調べておくべき会社のこと①

知るべきポイント

競合他社はどこか？

本当であれば、ビジネスモデルと言いたいところですが、ビジネスモデルを理解するのは相当難易度が高いと自分でも感じているので、まずは競合他社はどこか、ライバルはどこかを知るところから始めましょう。

なぜ、競合他社を知っておくべきか？　それは、あなたが**「既にその会社に入った立場でものを考えている」**ということを伝えられる一番の方法だからです。

求職者として「御社のことを教えてください」と質問してしまうと表面的な話になってしまいますが、「今競合ここですよね」と具体的な社名をベンチマークできると、仲間感が出ます。そして、これは会社のためだけでなく、転職する側の人にとっても有効な手立てです。会社を客観的に比較し出すと収拾がつかなくなります。競合他社はどこか、ビジネスのやり方は何かを考えるとどうすれば勝てるか、差別化できるかという建設的な思考になりますし、それが「受けるならこっち」を後押しすることにもつながります。会社側としても「競合他社がやっていなくて、その会社がやっていることは何か」といったことを同じ目線で語ってくれれば、いつでも来て、という気持ちになるんだというところが実感です。

変化していく競合他社

また、競合他社は時代とともに変わってくるというところも大事なポイントだと言えるでしょう。たとえば、印刷大手の凸版印刷。この会社のライバルといえば大日本印刷と答える人も多いでしょう。ですが、凸版が時代の成長領域である様々な事業に手を広げている中で、もはや大日本印刷だけが競合他社ではなくなっているのです。印刷技術を活かした住宅シートの競合はホームメーカーやインテリア企業でしょうし、キャッシュレス決済の事業に関してはネット企業や金融企業が競合になるでしょう。トヨタの競合はＧｏｏｇｌｅという見方もできます。

どれだけその企業の現在地を捉えられているかがアピール材料として有効です。

アドバイス

競合に対する議論は、面接官を仲間にする

調べておくべき会社のこと②

知るべきポイント

業績はアップトレンドかダウントレンドか

競合他社と同じく重要なのが、業績です。ここがどうなっているかによって、採用に求めているものも変わってくるでしょう。業績は、上場企業の場合はホームページから決算資料を見てください。四季報は年に一度の発行のため、情報が現時点とずれているケースもあります。上場企業でない場合は、働いている中の人に聞くしかありません。でも、特にツテのある会社でも、知り合いがいる会社でもないという場合も多いでしょう。

ビジネスアプリで情報収集をする

そういった人は、yentaやLinked Inのようなアプリ、ビジネス系マッチングサービスを使うことをおすすめします。yentaは実名登録のFacebookと紐付けて運営することで信頼性を担保しているサービスです。こういったサービスを通じて受けようと思っている会社の中の人と会うことができると、ネット上の口コミよりも具体的な話が聞けます。面接のときも**正真正銘の初対面の会社より、一度でも話したことがある人がいる会社の方が、情報力を持つ意味で有利です。**

その話が全てではないという前提

注意点を補足すると、あなたが会うその人の話が「その会社の全て」ではないということです。例えば話を聞いた人が営業職で、その人が「楽しい」と話していても、内勤の人は「つまらない」と感じている場合もあります。また、社内の人とは言え、一生そこにいる人だとは言えません。近々辞める人に話を聞いても、どうしてもネガティブな情報が聞こえてしまうでしょう。

「転職」前提ではなく、普段から情報ソースを複数確保し、繋がっている人の会社も受けることになったから、話を聞くという流れの方が理想的です。転職を前提にすると、偏った情報しか入ってこなくなるケースもあるので、そこは注意をしてください。

アドバイス

業績は嘘をつかない

調べておくべき世の中のこと

知るべきポイント

自分の世界を言葉で理解すること

世の中のこと、というと一般常識やトレンドにどれくらい詳しいかという話かと思われるかもしれませんが、前提としてすべての情報を網羅するのは土台無理です。自分もテレビや新聞にはほとんど触れていません。ですが、日経新聞が世の中のすべてかというとそうではありません。すべての情報を把握することができないほど情報が錯綜している時代だからこそ、大事なのは「その人が見えている世界を言葉でしっかり理解しておくこと」だと思います。言葉で解釈を与えるのです。具体的には、**自分が今いる会社のビジネスモデルであったり、その業界のトレンド**は理解しておきましょう。

例えば、サイバーエージェントにいる人であれば、BtoBとBtoCをやっていて、社員の割合は営業何人企画何人、インターネット広告市場がどれだけ伸びていて、テレビとどれくらい差があるかといったことです。今、自分のいる会社のことを自分の言葉で説明できれば、面接官もうちの会社に入った時も同じように理解してくれるかなという期待が持てます。逆に今いる会社の理解が曖昧だと、「うちに入っても全体像を理解してくれないんじゃないか」といった懸念が生じます。意外と自社に関して説明する機会は多くありません。準備をして臨みましょう。

広く浅くよりは、深く全体像を

面接の中で世の中全体に目配りをしているという部分はそこまで求められていません。趣味ひとつとっても同様です。「野球もサッカーもバスケもラグビーも見に行くのが好きです」というよりかは、1つのものに対して全体像を含めて詳しい方が**応用可能性が高く見える**のです。好奇心が旺盛なのはもちろん素晴らしいことですが、その興味が分散しすぎて1つ1つが説明できないと単に消費者で終わってしまうため、生産者側にまわりづらいのです。会社側も深く1つを、という人の方が仕事の構造を早く理解してくれると感じます。自分がいる会社で起きていること、自分が接している趣味で起きていることは最低限理解しておけるようにしましょう。

アドバイス

自分や自社のことは暗黙知になりやすい

発声練習をする

○ 知るべきポイント

一度でいいので動画を撮る

面接をいざ目の前にすると、声のことが心配になる人もいるのではないでしょうか。
事実、声の悩みは多いですし、自分の声が好きな人はあまりいません。声が小さい、聞き取りにくいなどの悩み、コンプレックスに対しては、結論、一度自分が話しているところの動画を撮って見直し、自分の声と向き合うことをおすすめします。

スポーツ選手が練習風景を撮って、戦略を練るためにチーム全体でその映像を見ているところをＴＶで見たことはありませんか？　スポーツでは普通にやっていることなのにコミュニケーションの場面では、なぜかこれが少ないのです。

実際に撮ったものを見てみると、びっくりしたり恥ずかしいと感じたりすることもあるでしょうが、何度か見ていると慣れてきて格段に客観視レベルが上がります。口グセや目線の向き先などの把握ができ、今、自分はこのように振る舞っているというメタ認知が働くため、「次はもう少しゆっくり話してみよう」といった**自己コントロールを利かせられ**

ます。

動画を見れば改善点が明らかに

実は自分自身も話をすること自体は好きでしたが、取り立てて得意だということではありませんでした。それから、動画を撮るようになり、「思った以上に早口だな」「固有名詞が多すぎるな」「ほとんど野球に例えているな…」といったことに気づきました。

客観目線が得られた後は、セミナーなどに登壇する際もここで少し間を空けた方がいいとか、話のトーンとスピードにもう少し抑揚をつけないと来場者が寝てしまうということがリアルにわかるようになりました。動画が怖ければ最初は録音でも結構です。ｉＰｈｏｎｅひとつあればすぐできることです。

それでも録音・録画に抵抗があったり、時間的余裕がない場合は、鏡の前で自己紹介してみましょう。何かを話す時の自分の姿を見るだけで、無表情の時とは違った気づきを得られるはずです。話している表情が、面接官から見えるあなただということをまずは認識してみましょう。

アドバイス

まず相手から見た自分の姿を知る

面接の身だしなみ

○ 知るべきポイント

その会社で働いて違和感がないか？

身だしなみの軸としては、面接官が見たときにその会社で働くイメージが湧くかどうかということが大事です。「私服でお越しください」と言われる場合もあると思いますが、金融系企業、スタートアップ企業、外資系企業ならそれぞれあなたが準備する服装も変わってくるのではないでしょうか。その会社で働く人と同じような格好で行けば面接官も受け入れやすくなります。また、着慣れていないスーツ姿は、相手からもわかるものです。下手をすると「自分を偽っているのでは？」と見える場合もあるかもしれません。つまり、他の私服の人に比べて自己プロデュースをしていないと見られるためです。

服装の指定がなければ、スーツで

一方、服装に指定がない場合はスーツで良いでしょう。この場合は逆に個性を消すことが大事です。どこまで行ってもその会社の一員、歯車になるということを認識していくことです。そもそも求人を出している時点で個性を求めているわけではなく、その会社のパーツになってくれるかどうかを求めています。その枠の中で個性を発揮する分にはいいですが、**個性丸出しで来られてしまうとパーツを求めている採用としては、ほとんどの場合ハマらなくなってしまうのです。**この身だしなみの前提を誤解している場合も意外とあります。特に「ポジション募集」の場合、面接段階では個性は求めていません。

例えば営業職で募集している場合は、基本は白シャツです。ここで個性を出す人は、「チームより個を優先する人なのかも」と会社側は感じます。そういうつもりがなかったとしても、見た目はメッセージとして機能します。もちろん、募集がクリエイティブ職ならそれでいいかもしれませんが、営業職として求められている場合は、自分を消して相手を立てるという姿勢が見た目としても大事です。

あなたが思う以上に**見た目はメッセージ**になります。面接の場で違いを出そうとせず、白シャツでダークスーツを選びましょう。自分で判断がつかなければスーツ屋さんに聞きましょう。面接の時間の中では自分の人生を生きようとせず、その会社のひとつの役割を演じられるかという視点を持つようにしましょう。

アドバイス

会社は「あなた」ではなく「メンバー」を求めている

面接の当日の準備

知るべきポイント

声量や表情などの見た目に注力する

ほとんどの人は、面接本番のその時に「最高のパフォーマンス」は出せない、出ないものだということです。緊張しすぎる人というのは、本番で最高を出そうと意識しすぎているのかもしれません。結論、見た目と声しか覚えられないので、そこだけ準備しましょう。話す内容は直前で取り繕っても無駄です。質問が複数回続くとボロが出るからです。ビジネスの現場では、この先何度もミーティングや会議が待っています。それのすべてに１００％を出せるでしょうか。そうではなく、すべて１００％は無理だけれど、平均的に高いアウトプットが求められます。この、心の構えが持てるだけでだいぶ落ち着いて面接を受けられるのではないかと思います。

印象はその日、作れる

声に関しては、いきなりはっきり声を出そうとするとかすれてしまって焦るということが起きるので、当日は朝一番のうちに大きな声を出すようにしましょう。自分の部屋で何かを大きい声で読み上げるのでもいいですし、歌を歌ってみるのでも構いません。

また見た目の印象は面接官の中に強く残るものです。表情筋のストレッチもやっておくことをお薦めします。若いときは気づきませんが、年を重ねてくると**顔が固まっていたり、ほぐれていないこと**に気づくことが度々あります。特に寒い時期などは、マスクをしてにーっと笑って電車の中を過ごすことが手軽でオススメです。

人がいかに見た目に左右されているか、ということを示す「メラビアンの法則(※)」という法則がありますが、面接も同じです。もっと言えば入社した後のビジネスの現場でも見た目で判断されることは続きます。笑顔、呼吸、ストレッチの準備はそのままあなたの見た目に通じますし、声出しで音声情報をよくするための準備も当日できます。

これをやらないで内容だけを頑張ってしまうと、研究者、作家みたいな人なら認められるかもしれませんが、面接官が自分の仲間に入れるかどうかと考えたときにはやはり得策とは言えません。直前でもできることですから、ベストを尽くしましょう。

(※) 異なる2つ以上の情報があった時に優先される要素の話

面接時のマナー

○ 知るべきポイント

メモを取ること

新卒採用の際は、グループで扉をノックし、入室し、1人ずつ自己紹介をし…というスタイルの面接もあったかと思いますが、転職面接の場合は**先に会議室などに通されて、その後面接官が入室してくるというケースが一般的**です。

案内の方には「おかけになってお待ちください」と言われると思いますが、基本は立って待っておいて、面接官から「おかけください」と声をかけられてから座るのがマナーです。また、座る席がわからない場合は、案内の方に「どちらに座ればいいですか」と確認をして指定された方に座りましょう。

面接の際は、面接官も会社についていろいろ話をします。メモを取りましょう。失礼では…と遠慮をする人も多いですが、人が話をしていることに対してメモを取って聞くというのは最高のマナーです。それでも不安な場合は、面接が始まった序盤で「メモを取ってもいいですか？」とひと言聞けばいいと思います。

見送りの際は不自然な動きをしない

面接後は、基本的にエレベーターで別れるか、ロビーで別れる形です。

●エレベーターで別れる場合

エレベーターまで一緒に行き、エレベーターに乗ってロビー階のボタンを押したら、「どうもありがとうございました、またよろしくお願いします」とはっきりお礼を伝え、頭を下げます。エレベーターの扉が透明の場合もあるので、ワンフロア降りるまでしっかり頭を下げ続けましょう。これは変な突っ込みどころをつくらないという意識でやり切りましょう。これを忠実にやればそこでマイナスの印象がつくことはありません。

●ロビーで別れる場合

これはエレベーターに一緒に乗るパターンです。ある意味面接が終わって気が緩んでいる状態ですから、エレベーターに乗った後は聞かれたことにはきちんと答えながらも、それ以外の無駄口はたたかないほうがいいでしょう。

エレベーターが着いたらまたひと言お礼を言い、頭を下げ、余計なスペースがなければそのまま振り返らずに進みましょう。面接官の視界から自分が消えるまで、演じ切ってください。

出されたお茶は飲み切る

また、補足になりますが、面接の際にお茶を出されることがあると思います。これは飲み切りましょう。大企業で受付の人がいる場合はいいかもしれませんが、普通は面接官自身が終わった後に片づけているということが大半です。コップのお茶やお水が中途半端に残っているとわざわざ捨てなければならず一番面倒です。

面接終わりにまだ残っていたら「失礼します」と言って、その場で飲み切ってください。そして「ごちそうさまでした」と言って、片づけるときに取りやすいように机の端に置きましょう。これは、逆の立場になったらどうしてほしいかと考えれば絶対にわかることです。ペットボトルで出される場合は、「こちら持ち帰っていいですか、ありがとうございます」とひと言かけていただき、バッグにしまいましょう。

アドバイス

とにかくメモる。それだけで差別化できる

面接の日程調整について

知るべきポイント

基本は企業の指定に合わせる

基本的に面接の日程については、企業側の指定であることがほとんどだと思います。その際には複数日、案を出してもらえる場合もあるのでその時間をつくって合わせていくのが基本です。ですが、時間の自由度が低かったり、自分のスケジュールが過密でなかなか難しい場合は、複数日程を出して相談をしましょう。

自ら希望の日程を出す場合は、**3つ以上候補を出すことがマナー**です。「明日の午前中いかがですか」「ダメです」だと、このメールが本当にムダなので、3つ候補を出し、なおかつ曜日をずらす・時間帯をずらすというように企業側が選びやすいように設定してください。土日と営業時間外である平日の18時以降が主な採用活動の時間帯になるので、この中で自分の予定がずれなそうなところを選びましょう。

アドバイス

最短の日程を選ぶと意志が伝わる

面接の失敗談①

○ 知るべきポイント

「いつから来れますか」は意向の確認

これは、書類上の経歴などもＯＫ、面接して人当たりもＯＫで会社としては来て欲しいけれど、本人のタイミングがＮＧというパターンです。もったいないと言えばもったいない話ですが、タイミングこそが、新卒入社と中途入社の一番の違いかもしれません。新卒採用に関しても間もなくルールが変わってしまいますが、次の年の4月に入社するということは決まっていて、6月までにみんな決めてね、というスケジュール感が共通なため、みんなそこに合わせて決めようとします。多くの学生が3月卒業のためそうなります。

ですが、**中途の場合は自分で期日を決めないといつまで経っても決まりません**。採用する側もずっと求人を出しているわけではなくて、いい人が見つかったらすぐ採って締め切ります。タイミングがすごく大事なのです。こういう前提で「今すぐ行きます」、「来月から行きます」ということを言えなかったがゆえに逃したというケースはよくあります。

基本は1ヶ月前後で

基本は1ヶ月前後が入社までの期間として多いです。**遅くとも2ヶ月までの間で入社まで持っていけるといい**と思います。

面接を受けるからには、来月から入れるという前提で面接を受けないと、せっかく選考が進んだのに土壇場で内定を逃してしまうケースがあります。幹部クラスの社員なら別ですが、極論、取締役未満なのであればその日に会社を辞めても大丈夫です。そこまで極端なことでなくても自分なりにちゃんとタイミングを見極めて、面接のスケジュールは設定するようにしましょう。

ちなみに、なるべく現職のままで転職活動をした方がいいとは思いますが、どうしても期日を決められなくて、でも自分を変えたい人は退職してからでもいいと思います。現職のまま、期限なども設けず気づけば2年間ずっと転職活動をしている…というような人であれば、退職届を先に出してしまえば自分を追い込むことができます。

アドバイス

あなたが辞めても会社はちゃんと回ります

面接の失敗談②

これダメです

「3年後に独立したいと思います」

転職してその会社に入るとしても、そこですら「最後の会社」ではないかもしれないという前提がある時代になっています。それ自体は仕方のないことかもしれませんが、面接の場で「3年後に独立したいと思います」はさすがにNGと言えるでしょう。

独立を視野に入れていたとしても、3年はスパンが短すぎます。こういった発言は、面接以前に**相手への配慮、コミュニケーションのマナーとして避けるべき**です。究極的には、面接の場では「独立します」は言わない方がいいくらいです。

また同様に「この会社で年収を倍にしたいです」も微妙です。こう言われてしまうと、面接官は「そのためにはやる仕事いっぱいあるけど本当にやるのかな」とか、「年収が上がんなかったらやめるんじゃないか」とか「上がってもそこで満足してやめるんじゃないか」とかいろいろ思ってしまうもの。年収の話も究極しなくていいと思います。面接官からしたら、言われなくてもどうせ最後にしなくてはいけない話です。ですから、求職者側からはしなくてもいいのではないでしょうか。

個人のキャリアを考えるのはもちろんOKですし、年収を30〜40代でこれくらい上げたいという目標設定をするのもいいことだと思いますが、面接の場ではそれ以上にその会社でやりたいこと・実現したいことをステップに分けて伝えていく方が面接官に響きますし、仕事をやってくれるイメージが湧きます。

自分の与えられる価値に焦点を当てる

結婚の話に置き換えると分かりやすい話です。一昔前、女性の結婚したい男性像は「高学歴・高収入・高身長」でした。これは、テイクしにきている話です。理想がこうです、と直接的に男性に言うより、「男性を立てるのが得意です」と言った方がいいのと同じです。「チームを盛り上げるのが得意です」「売り上げをつくるのが得意です」「アイデアを出すのが得意です」と**あなたが提供できる価値について話していった方が確実にいい会話になります**。結局はギブ&テイクのギブを先に提示しないと、あなたが損をすることになってしまいます。

アドバイス

勤め先に貢献できない人は独立しても成功しない

履歴書・経歴書の書き方

知るべきポイント

細かく、志望理由を埋める

履歴書・経歴書の書き方について簡単にですが、触れたいと思います。まず、履歴書の方は嘘偽りなく書くのが大前提です。嘘を書かないまでも、「3ヶ月で辞めた」といった本人がネガティブだと考える経歴を隠す人はたまにいます。ですが、もはや現代は隠しごとができない時代です。隠して入社しても、雑談の中でいつボロが出るかわかりませんから、基本は正直にやった方が得です。

また、**履歴書の右下に志望理由があれば、ここは確実に埋めましょう。ここが埋まっていないと、「志望度はそこまで高くないんだな」と感じます。**書面だけで2人のうち1人となったら、志望理由が書いてある方を選びますので、埋めてください。ここは尖った理由でなくて「ビジョン・理念に共感しています」「御社で活躍するイメージがあります」ということだけ伝わればOKです。募集の締め切り直前に知って、時間がないけど応募したいという場合は、最悪志望理由の欄がないフォーマットを使ってください。そういうフォーマットも売っていますし、ウェブでも見つかります。

「書類選考あり」の場合は、写真も評価対象と捉えましょう。20代の応募者の場合、データで履歴書を作成する場合、証明写真が貼られていないケースがあります。1%でも通る確率を上げるためには、正式な証明写真を撮って、貼るようにしてください。

職務経歴書

職務経歴書でよく言われるのは、事細かに書いた方がいいということです。これは、面接官がどこに目を留めるかはわからないからです。前提としてほとんど見ていないという話はあるのですが、とは言え面接の10分前にはバーッと目を通して、どの部分を話題に振ろうかなと考えていますので、なるべくたくさん書いておきましょう。自信がない部分についてはもちろん書かなくていいですが、できるだけ**固有名詞を書き並べましょう**。退職時期や在籍期間については、以前までは最初の会社に3年以上いるか、退職時期は年度末になっているかが大事だと言われていたようですが、現在はそこまで期間は重視しません。「すぐに成果を出してくれるか否か」の即戦力性を重視する傾向にあります。

アドバイス

手書きが苦手ならパソコンでつくりましょう

お悩み相談①

△ これ悩んでます

面接を受けても迷っている

転職活動を続けていく中で、少しずつ自分のやりたいことや強みが明確になってきたものの、受けている企業に対して真の意味ではピンとこないというケースが出てきます。1次面接の段階では、まだ決めあぐねていてかまいませんが、それ以降の選考では、そのスタンスを理由にお断りされるということが出てきます。ですから1次面接以降はきちんと受けるのか、情報収集と割り切るのか自分のスタンスを決めましょう。迷いがある場合にどうするか、はあなたの状況によっても言えることが変わってきます。

●今の会社にいるとまずい人

いわゆるブラック企業など、今の会社にいると精神的・肉体的にまずいことになるという人は嘘でもいいからまず会社を変えましょう。選考が進んでいる会社が本当にいいかはわからないけれど、それ以上に今の会社にいたら絶対まずい状況というのは確かにあります。半年で転職することになるなど、多少キャリアに傷がつく可能性があったとしても辞めた方がいいです。ブラックな環境なのにどんどん染まってしまって、機械に代替されるような仕事を続けてしまって、そのまま年を重ねてもう身動きできないというケースが一番危ないです。まずは、脱出しましょう。

●転職を自分を変えるきっかけにしたい人

内定を複数もらったとしたら、そこで決めきって、迷いなく頑張れるように転職サイトから情報は消して、情報遮断をしましょう。転職サイトで求人票を眺めているのが面白くなることもありますが、転職が決定したのに「ここもいいな…」と延々見続けてしまうのはまずいです。結婚した後もマッチングサイトを見ているようなもので、誰もハッピーになりません。ちなみに、最終面接が2本控えていて現時点でも本気で迷っているというような場合は、内定自体はどちらも頂いて大丈夫です。立場的にいくら対等と言っても企業側が有利であることは否めません。その場では内定のためのコミュニケーションをして2つ取れたら比べて決断するということでいいと思います。

アドバイス

転職の成功は「入社後」にしかない

お悩み相談②

△ これ悩んでます

アピールが苦手

「自分の強みがわかりません」という相談をよくいただきます。そもそも、自分の強みを理解できているビジネスパーソンは少ないです。そこは安心してください。今から明確化できれば大丈夫です。誰しも必ず強みはあります。そこに気付けているかどうかの差です。多分、面接官だって「あなたの強みは、なんですか？」と急に逆質問されたら、即答できない人は多いでしょう。この質問に対しては、「この会社に貢献するとしたらどういうポジションか」ということをまず考えてみるといいと思います。

多くの場合は前職、現職、部活、サークル、バイトなど、**これまでの組織におけるあなたの役割から見えてきます**。どういうポジションだったときに無理なく成果が出せたか、楽しく結果が出せたかということがヒントになってきます。大きく分けると「リーダーなのかフォロワーなのか」という話です。多くはフォロワーですが、その中でもリーダーに近いフォロワーもいますし、そうではなく本当に現場仕事が得意な専門型もいます。ポジションに関係なく動ける人もいるでしょう。最低限、自分が成果を出せた役割を話せると良いでしょう。それはいくつあっても大丈夫です。

また、**人に喜んでもらった経験を箇条書きにして出すというのもいいでしょう**。それを見て「この話をしよう」という準備をしておくのは大事だと思います。「自分の強み」に自分では気づけないからこそ、喜んでもらった事実を列挙していくというのが絞り出す作業であり、面接への準備となります。自分ではスラスラと思い浮かんでこなくても、事実から抜き出していけばいいのです。

自己肯定感が低い認識がある人

こういう作業の中でも、自信が持てない人もいます。要は、「バイトも休みがちだったし、大学のクラスもあまり楽しくなかったし、サークルも副部長やったけどうまく取りまとめられなかったし…」という人です。そういう場合は、ＰＲの際も過去にあまり視点を合わせずに、今後やりたいことを軸にしていくやり方でも大丈夫です。

アドバイス

アピールすべきは「具体例」

お悩み相談③

△ これ悩んでます

スカウトされたけどどうしよう？

転職活動の中では、スカウトやヘッドハンティングの声がかかることもあるでしょう。これは企業があなたのスキルを買っているわけですから喜ばしいことですが、そのオファーを受ける場合は、あなたにも決断が必要です。

スカウトやヘッドハンティングの場合は、会社側が「どうしてもあなたに来てほしい」と立場的に下手に出るので、求職者が「来てあげた」という感じになってしまうのです。「来てください」と言われたから「来た」では活躍しづらいのです。またうまくいかなかったときも、「自分の能力を活かしきれない会社が悪いんだ」と言い訳できてしまいます。同じ実力でも、入社スタンスの差で活躍の仕方が変わってしまうのです。

新卒入社でも同じようなことが起こっています。「入社してほしい会社」と「選んであげた学生」という構図になりがちです。

結論、あなた自身が「この会社で活躍するのだ」と決めることが重要です。中途社員を受け入れている以上、会社は活躍できる環境を提供してくれます。さらにあなたの意思が伝われば、会社はチャンスを与えたくなりますし、なんとか結果を出すためにサポートしようとしてくれるでしょう。

転職市場の状況が可視化され、需要と供給のバランスからも内定が取りやすい時代になっていることは確かですが、**「あなたを弊社に入れることを決めます」「私が御社に入ることを決めます」という取り決めが行われている**、その本質的な部分は何も変わりません。

もしあなたにどこかから今声がかかっていて、前向きに考えているのであればそこでどれくらいのモチベーションでやれるかを冷静に測って、やっぱりそこだと思うのなら「この会社で活躍するぞ」と決めることが大事です。抽象的な話になってしまいますが、あなたが決断しなければ、おおよそうまくいきません。

お互いが決断することで、お互いが入社後の活躍について歩み寄れるはずです。

アドバイス

転職の成功は予測するのではなく、自らつくるもの

お悩み相談④

△ これ悩んでます

面接は数をこなせばいい？

転職市場も売り手市場ということで、比較的スムーズに内定が出る状況になっていますし、すぐには内定が出なくても数をこなせば決まると考える人も多いかもしれません。ですが、私は不採用になった場合は今後のためにもできる限りその理由を正確に把握することをおすすめします。

エージェント使用時、特に意識を

特に転職エージェントを使っている人の場合、エージェント側は求職者に対してあまり厳しいフィードバックをしないという前提を認識しておいてください。例えば、Aさんという求職者がいて、不採用を出した会社側はエージェントに対して、「下調べできていないですし、スタンス的に難しいです」と伝えたとしても、エージェント側はこれをAさんにそのままは伝えません。もっとぼやかした感じで、「あんまりマッチしなかったみたいですね、次いきましょう」という感じになります。これは、エージェントにとってはAさんが商品なので、へそを曲げてほしくないのです。ですから、厳しいフィードバックをして「じゃあ転職もうやめよう」とならないように、「とりあえず10社受けてみましょう」とすすめてくるのです。こうなってくると何社も落ちたり、失敗したりすることで本人が自分で自覚するしかなくなってきます。こういったことを時間の無駄だと感じたり、感情的には嫌だけれど早く決めるためにちゃんと知りたいと思うのであれば、**「あなた経由で転職するので率直に教えてください」**と聞くのも一つの手です。

直接応募の会社に聞くという手も

また、会社の採用募集に自分で直接応募して落ちた場合にも、聞いてみるという手もあります。私自身、不採用通知に返信が来て「差し支えなければ理由を教えてください」と言ってきた人が何人かいました。人事側は本来答える義務はありませんが、真剣に人のキャリアを考えている人事の人であればきちんと答えてくれるはずです。

アドバイス

能力でなくタイミングや相性という理由も多い

お悩み相談⑤

△ これ悩んでます

最終まで行くけど、決まらない

最終面接までは行くのに、決め手に欠けるのかなかなか内定が取れないという悩みも結構あります。この要因は２つあります。１つめは主体性で、２つめが決断力です。

①主体性

入社したての人には、いろいろな説明をしたり手配をしたりしますが、それ以上にコミュニケーションコスト・マネジメントコストがかかるイメージが湧いてしまうと企業側は二の足を踏むかもしれません。要は、席に座ってじっとしてしまうイメージが湧くとやはり採りづらいです。どの企業も「主体性」というキーワードを求職者に求めます。人手不足と言われてはいますが、ＡＩの進化を鑑みると作業的なことに対する不足は徐々に求められなくなるでしょう。新しいものを生み出したり、改善をするといった付加価値を生み出す、自走できる人かどうかが問われます。

②決断力

これは、その人の経歴に関係します。今まで選ばれる人生を送ってきている人だと「自ら決める」という経験をしてきていないので「自ら決めることができない」ということがあります。高校・大学は付属校だったり、就職も教授や親、先輩が決めてくれたなど、レールを敷かれてしまってきている場合は、本人も内心「誰か決めてくれないかな」と思っている可能性があります。

ですから、「いつから来られますか」と言われたときに、すぐ決めることができなくて「ええっと、引き継ぎなど諸々ありまして…半年くらいお時間頂ければ…」となってしまうと、企業側としては「うちに決めてくれない」という印象を受けますから、書類上も○、本人の人当たりも○で会社としてはゴーサインを出しているのに内定に至らない、入社に至らないというケースがあります。自分が企業に対してそういう反応になっていないかどうかは、一度振り返った方がいいかもしれません。

アドバイス

自らの決断はどちらに転んでもプラスになる

PART

4

面接の問答集

Q 自己紹介お願いできますか？

つまり 会話のきっかけを提供してください

これは面接冒頭でおきまりのようにある質問ですが、会社側としては「なぜ当社を選んだか、なぜ転職したのか」というところを自己紹介で知ることができるとありがたいと思っています。**これから30分、1時間と話をするにあたって話題をここで提供してほしいというネタ探しの側面もあるといえるでしょう**。ここでキーワードを散らばしておくと、面接官も拾いやすくなります。

その他には、プレゼンテーション能力や説明力を見られていると考えるとよいでしょう。ごくまれに面接官や社長が忙しすぎて履歴書、職務経歴書をきちんと見ていないというケースがあります。バタバタと入室し、初めてそこで書類を目にする…というケースもありますが、この場合は冒頭でお伝えしたように話題を提供するというところに重点をおいてください。そうではなく、初回面談などで面接官が事前に書類を見ていて、手元にもあるという場合は、会話を見られています。極端に話し方が変だったり、説明がまわりくどくないか、というような部分です。

回答例

初めまして、福山敦士と申します。前職（現職）は○○株式会社で△△の事務に従事しております。（あれば）その前は、□□の仕事をしていました。今回、自分自身のキャリアアップのために転職を検討しております。よろしくお願いします。

自己紹介の尺は、1～2分が理想です。フルネームで伝え、在籍企業も正式名称で述べましょう。なぜかというと、あなたが1人で話したいことを話しているよりは、面接官とあなたで会話を重ねていった方がいいからです。「食品メーカーにいまして」「某広告代理店にいまして」ではなく、ちゃんと正式名称を言っていったほうがいいでしょう。具体的なキーワードが面接官と会話を生むきっかけとなります。もし無名の会社でも面接官は知っているかもしれません。知らなければその後補足で説明すれば大丈夫です。あくまで「会話のキックオフ」を求められているに過ぎません。気負わず、堂々と伝えましょう。

アドバイス

キャリアを固有名詞で伝えよう。

Q 今回の転職活動はどういう意図ですか？

つまり 必要に迫られた転職活動？

面接の冒頭で「どういう意図で転職活動をしていますか」「なぜ今日ここに来ましたか」と聞かれるケースがあります。この質問に対しては、「御社はここを目指しているので私はここで貢献します」ではなく、パーソナルな話でOKです。

回答例

自分自身のキャリアアップのためです。○○○な未来をつくりたいと思っておりまして、自分が関わるビジネスの規模を大きくしたいと考えました。より大きく社会に貢献したいと思い、今回の転職活動を始めました。

つくりたい**未来から逆算した視点**の言い方は理にかなっていますし、今後のビジネスの進め方も未来から逆算して目標設定をするだろうなと期待感が持てます。「イヤなことがあったんで転職活動してます」「家族が増えたんで会社変えます」というような場当たり的な理由だと、入社しても何か問題があったら簡単に辞めそうだなと感じさせてしまうのです。私も同じような失敗があり、そのときは正直に「家を買いたいんですけど、フリーだとローンが組めないので就職します」と言って落とされました。これは、「ってことは、家買ったらもう会社辞めますよね」と思われたのでしょう。

「転職をしなくてもいいけど」という余裕

さらに言うと、**「転職をしなくても目指せる未来だけど」という余裕を見せられればさらにいい**でしょう。つまり、「だから転職しないとまずいんです」と言われてしまうと面接官は何か不安要素がありそうだなと感じます。「来たい」「入りたい」と言われすぎてしまうと、一度冷静になってしまうのが人間です。人は自分の言葉に説得されるので、面接官から「あなたがほしい」と言ってもらえるように仕向ける方が大事です。それを考えると「買ってください」ではなく、「転職しなくても叶えられるけれど、転職した方がよりいい形で叶えられる」という言い方が有効なのです。

アドバイス

「一緒に働こう」と言ってもらえる理由とは？

Q 職務経歴をお願いします

つまり 直近の仕事を重要視します

職務経歴とは言え、一番見られているのは直近の仕事です。これは自分が採用側の立場の時もそうでしたし、自分が書類を提出する側であったときも率直に「直近のものの紹介で大丈夫です」と言われたことがあります。僕自身いろいろしてきた自負はありますが確かに自分自身も新卒入社したサイバーエージェント時代と同じことをやれと言われても、「5年前にもなるので…」という気持ちになります。

経歴の多さ・期間の短さは気にしない

人によっては、転職回数が多いこと、またその中で在籍期間が極端に短い会社があるというケースもあるでしょう。ネガティブな理由の場合はあえて言う必要はありません。採用側も全てを知りたいというよりは、それらの経験から、あなたは何ができるようになったのかを重視します。仮にそこを突っ込まれた場合は、「意見が合いませんでした。長くいても亀裂が大きくなるだけなので辞めました」と端的に言えばいいと思います。これは逆の意味では決断力があるとみられる可能性があります。ただし、該当する課題に対する自分のアクションは語れるようにしておきましょう。

実績は数字で示しましょう。どんなにすごいことを成し遂げた自負があっても伝わらないことがあります。正確に伝えるために数字を用いて説明することをオススメします。「〇〇時間削減」「〇〇円の売り上げ」「〇〇人の採用」などです。

「辞めるときはその期の決算月までいるべき」「履歴書を汚さない方が……」という旧来的な価値観は事実、存在します。「満期までいるべき」「最低3年はいるべき」というような社長がいる会社に入るのであれば経歴もその方がいいでしょう。ですが、「いろんな会社を渡り歩いてきたから、いろんな事例を知っているよね」と見る社長、職歴の多さをマイナスに捉えない社長であればまったく気にすることはありません。むしろこれからの時代、それをマイナスに捉えるような会社には行かないほうがいいと思います。

アドバイス

社数より実績数

Q なぜ当社を選んだのですか？

つまり

会社の優先度は？

この質問に対しては、答える順番が大事です。「自分のキャリアを考えた時に○○の経験を積みたいから御社を選びました」ではなく、「御社の向かっていく方向（ビジョンや理念）に共感しました。なぜ共感したのかなと思ったら、自分もこの方向（に近いビジョンや理念）を目指していたんです」という言い方がベターです。

意味としては同じであっても、「自分は○○をしたい」から始めてしまうと、それを実現するのにその会社でなくてもいい理由がいくらでも出せるからです。「その会社に共感した」なら、悪い意味での突っ込み所はなくなります。私自身もこの順番を間違えて失敗した経験があります。選定理由でお断りされることはほとんどないですが、お断りの理由になりうる突っ込み所は最低限なくしましょう。

アドバイス

志望度を低く伝えていいことは一つもない

Q 転職回数が多い理由は何ですか？

つまり 投資を上回る価値を提供できますか？

ベンチャー企業の場合は転職回数もそれほど見ませんが、教育コストに対するROI（投資利益率）は厳しく見ます。日本の場合、正社員を簡単に解雇できません。雇用する側は雇用に関しては、リターンを得る前に自分ではコントロールできないリスクをとらなければなりません。故に、リターンを出せていないキャリアが目につくと慎重にならざるをえないのです。これを踏まえ、「成長スピードを求めた結果です」という言い方がおすすめです。「できることを増やそうと思ったからです」は、微妙です。前者と似ているように見えますが、資格依存症のような側面もあり、ノウハウを身につけたらまた退社するのでは、という不安を抱かせます。「成長スピードに会社が追いつかなかった」なら半分は会社の責任ですし、在籍1年半でも納得してもらいやすいでしょう。

アドバイス

過去の成績を説明できるようにしておこう

Q 代表的なお仕事は何ですか？

つまり その成功をこの会社でも再現できる？

「代表的な」と言われてしまうと、規模の大きなこと…と考えがちですが、プロジェクトの規模感よりもあなたの具体的な動きを重視して話すことが大切です。加えて、ここでは成功体験を聞かれていると思いましょう。「とある印刷業界とのデジタルフォーメーションのプロジェクトに関わりまして」ではなくて固有名詞で成功体験を話しましょう。

回答例

株式会社ショーケースにて、人事本部の起ち上げに関わりました。売り上げの伸び悩みという課題に対し、「ハイパフォーマーの転職」という原因を突き止め、人事評価制度の見直しを行いました。1年がかりのプロジェクトでしたが、策定・運用後、ハイパフォーマーの離職を前期は0（ゼロ）に抑えることができました。

いくら難しいことをたくさんやってきていても、その人に成功体験がない場合は、「できないかもな」と面接官が思ってしまうケースがあります。固有名詞で成功体験を説明し、「こういう実績があるから、私は大丈夫なんです」ということを言い切れた方が、面接官側に通す理由ができます。「あの方は○○アプリのプロモーションに関わった人ですよ」「○○のプロジェクトを起ち上げた人ですよ」という言葉があるとやはり上に通しやすいのです。さらに、「その中でこの人は末端ではありましたが、一番大事な現場の折衝を頑張っていました」だとよりイメージが湧きます。具体的な動きの話でいうと、十中八九「調整ごと」を頑張っています。大枠の戦略設計は、経営層がやっていることは面接官も承知しています。無理に背伸びしなくて大丈夫です。

社名、商品名、プロジェクト名、どこで引っかかるかは言ってみないとわかりません。「マイナーな商品なのですが、○○○という商品を開発しまして…」と言ってもし面接官が知っていたら、一気にその場の温度が変わります。知らない前提でいいのでとにかく、具体名を出していきましょう。

アドバイス

職務経歴書は常にアップデートしよう

Q 志望動機は何ですか？

つまり

ビジョンや理念に共感していますか

求職者側が思っているほどには会社が重視している質問ではありません。少なくとも、志望動機が良かったから内定を出す、ということはありません。ありがちに聞こえるかもしれませんが**会社の企業理念やビジョンに共感した、という話に集約して大丈夫です。**この答え方であればブレませんし、企業側もそこに共感してくれているという安心感に繋がります。過去に僕が経営に携わっていた会社を例にすると、

回答例

「御社が掲げている、『おもてなしでネット社会を豊かにしたい』という理念に共感し、自分もそのチームの一員になりたいと思いました」

と言われると「まず大丈夫」だと思いましたし、そこに対してはこちら側も突っ込む気にはなりません。ですが、「今後生き残っていくためにＩＴスキルが必須だと思ったんです」

と言われてしまうと「それが身につく会社は他にもあるよね」となるのです。また、「先日、B社さんと共同で出されたプロジェクトのリリースを見ていいなと思いました」というような「点」に対する共感だとやはり突っ込みどころが生まれます。

加えて、**志望動機は嘘がつけるという側面があります。**未来のことに対しては絵空事が言えます。未来への話はファクトではありませんから、面接官としては参考材料にならないのです。やはり、**過去を聞かないとその人の素養は確認できません。**仮に新卒入社のときに志望動機の熱意で突破した経験のある人は、どれだけ志望しているかという熱意ではなく、「過去の課題に対して熱意をもって取り組んできた」というファクトこそ伝えるべきなのです。「御社のここに魅力を感じて、自分は絶対御社に入りたいんです！」という未来に対する熱意より、過去の課題に関するファクトが、面接官に「ということは、うちの会社でも同じように頑張ってもらえるな」と思ってもらえます。

この質問は、受かるための質問ではなく、あくまでも落とされるリスクを減らすための質問と捉えた方がよいでしょう。

アドバイス

理念に共感できないなら受けない方がいい

Q 退職理由は何ですか？

つまり 前向きな理由の方を教えてください。

採用する会社側としては、正直「辞める理由」よりも「うちの会社で活躍できるかどうか」の方を重視します。ものすごく社内で大きな問題を起こしたとか、不正をしたというのは別ですが、「今の会社を辞めて、環境を変えたいんだよね」ということは会社側もわかっているので、**ネガティブすぎなければ気にしません。**会社都合だと、この人はリストラされたのか…？と詮索されることもあるかもしれません。

前向きな理由なら大丈夫です。仮に会社都合であっても自分から言う必要はありません。

回答例

「シンプルにキャリアアップしたい、自分の力を活かせる職場を探したいと思いました」

「培ってきたスキルを別の業界でも発揮したいと思いました」

もし前職で失敗をしていても、チャレンジをしたから失敗したというとらえ方もできます。結果が出なかったということがあっても、上司の能力不足で結果が出せなかったということだってあります。「こんな大変なことがあって…」という話をしだしても、面接官はそこには興味はありませんし、面接自体が前に進みません。同情はされても、それが採用の決め手にはなりません。

ここは**これからの自分のポジティブな展望に焦点を合わせてください**。もし現職でうまくいっていたと思えなくても「そういう自分を変えたい」「それでもやっぱり成長したい」「キャリアアップしたい」「年収を上げたい」というポジティブな理由であれば変わろうとする努力をすることはできます。

こういう場面では正直すぎなくてかまいません。人間であれば、正直なことを言えば誰しもラクをしたい部分はあるし、イヤな仕事をやりたくない、という気持ちはあります。ただ面接の場でそういう話をしても前向きにならないので無意味です。少なくとも自分がどういう価値を提供できるかというところに集約したほうが前に進みます。

アドバイス

同じ事象も伝え方次第でポジティブになる

Q 自己PRをお願いします

つまり

「役割力」を自覚できますか？

ポイントは、会社に対して何を提供できるかということです。ポイントは、「役割力」です。ビッグプロジェクトに関わったということ自体は、実は大きなアピールポイントではありません。

例えば、Suicaの開発に関わった人は何千人、オリンピックの仕事に関わった人は何万人いると言われます。そういう規模感の中では、企画をしたのか、地道に営業をして新規顧客を開拓したのかなど全体のプロジェクトの中でどんな役割を担ったのか、具体的な動きが何かが問われます。

回答例

全社の社員総会を企画しました。会の狙いや目的を企画書にまとめ、経営企画室に提案し、予算の承認をとりました。会の目玉である表彰を盛り上げるべく、動画制作会社のコンペを行い、経営陣を巻き込んで作り上げました。結果、会の前後でメンバーの結束力は高まったように感じております。

あくまでも、「動き」です。どんなすごい成果かということにこだわっているわけではないということです。成果に関しては、こちらで完全にコントロールできるものではありません。だから、行動目標の部分をちゃんとできたかが知りたいのです。

これは、会社としてやりたいことがあるときに、本人が全体像を把握し、それを実現するために大事な行動を見極め、動くことができるかということです。

回答例

営業とバックオフィスがありまして、私はバックオフィスをやっています。営業が持ってきた案件を精査して、彼らの時間が無駄にならないようにサポートしています。

だと、役割力が明確なので、仮にポジションが変わっても全体像を把握して動いてくれるだろうなという想像ができます。

アドバイス

プロジェクトを俯瞰し、自分はどの役割を担ったか？

Q 自己ＰＲをお願いします～異業種転職編～

つまり　その業界の知見を活かせますか？

中途採用の場合、即戦力を求めているケースが大半ではありますが、①確固としたノウハウのある企業と、②異業種の知見を持った人が欲しい企業の場合は、未経験でも応募できるということがあります。ここではそういった場合のＰＲについて紹介します。

①確固としたノウハウのある企業

業界シェア№.１企業の営業など、どんな人がやってもマニュアルの通りにやれば成約できるといった確固としたノウハウがあるため、純粋に人手があれば売り上げがついてくるケースです。こういったところは、人がいれば売り上げが上がるという仕組みがきちんとあるので、**一緒に働ける人かどうかという人柄を重視する傾向があります。**現職の業界の実績を声高に叫ぶよりかは、あなたの仕事への姿勢が伝わるような話をする方が印象がいいです。

②異業種の知見を持った人が欲しい企業

例えば、小規模な会社が開発したアプリが思いがけずヒットし、それに伴い広告専任の人を初めて採用したいという企業に、広告事業経験のあるあなたが応募したとしましょう。この場合は、**あなたの専門性が何で、これまでにやってきた具体的な仕事の内容・領域と、程度が伝えられるといいでしょう。**「〇〇アプリのプロモーションを学生ユーザーに向けてやりました」であれば、「〇〇アプリのプロモーション」が具体的な仕事、「学生ユーザー向け」プロモーションがその領域です。そして程度は、「数万ダウンロードから数百万ダウンロードまで持って行きました」とか「１０００万ダウンロードから２０００万ダウンロードまで持って行きました」というようなことです。

「〇〇アプリのプロモーションです」だけだと、面接官からは「それって数百人単位で関っているよね」と疑問符が付くので、領域と程度を示すことが大切です。ゼロからイチを作った人なのか、Ｖ字回復させた人なのか、初対面の人に伝わる説明を心がけましょう。

アドバイス

「人柄」のＰＲか、「実績」のＰＲか

Q 最近気になったニュースは？

つまり

我々の業界に対してキャッチアップをしていますか？

採用面接の質問としては、そこまで聞かれることが多い印象ではありません。ですが、聞かれた場合は、採用面接の場で聞かれていることなので、「我々の業界に興味もっていますか？」ということです。聞かれるかどうかはわかりませんが、確実に答えるための準備をすべき部分です。**おすすめは、その会社のリリース情報について言及することです。100%外しません。**また、受けている業界のトピックスに触れることができれば問題ありません。例えば、教育業界を受けているとしましょう。

回答例

先日報道された、センター試験での英検利用の導入が先送りになったというニュースです。この場合、御社への影響ってどれほどのものなのでしょうか。

こういう答え方がいいでしょう。①○○のニュースです、②これについて御社にはどの程度の影響がありますか、この構成がおすすめです。気になったニュースは？と聞かれたら、詳しく話さなければ、きちんと知っていなければという強迫観念があるかもしれませんが、詳しく知っている必要はありません。**こういうニュースがありましたけどどうなんですか？と面接官に聞いてしまっていいのです**。また、ニュースの内容もメジャーなもので構いません。ニッチな話題すぎると面接官も知らないという場合も多々あります。

ここで、単に今話題になっているような違う話をしてしまうと危ないです。これが未経験の新しい業界チャレンジだった場合などはなおさら、現職の業界のニュースを話してしまうと、面接官としては「本当にこの業界に移る気あるの？」と感じてしまいます。今回チャレンジする未経験業界でも、その業界のトピックを選び、あとは面接官に振るというスタイルにしましょう。

「最近気になったニュースは？」ということは、入社後、日常的に問われることはありません。プロのビジネスパーソンとして、面接先（営業先）に関する情報収集ができる人であることが伝わればＯＫです。

アドバイス

プレスリリースについて面接官に話してもらおう

Q ご自身発案で手がけた仕事は？

つまり 再現性のある仕事歴は？

発案というとクリエイティビティを求められるように感じるかもしれませんが、それよりは課題に対する改善案を伝えた方がいいでしょう。仮に本当に成功した例だとしても、「お風呂に入っていたときに思いついちゃったんですよね」という感じだと面接官としては再現性があるのかどうか不安になります。**なぜそれがうまくいったのかということに自分なりの解釈を持っておきましょう**。成功例に１００％の再現性がないことは面接官もわかっています。出版社の営業を例にしてみましょう。

回答例

冊数を重ねているシリーズがあり、堅調に動いてはいるのですがどうしても3万部の壁を超えることができませんでした。そこで、3万部以上売れている本を分析しました。3万部以上売れている本は「ウェブでの施策を発売前にやっている」という共通点を見つけました。様々なＷｅｂでの施策がある中で、確率が高そうだと思ったのがアマゾンキャンペーンでそれを選択したら、シリーズ内の他の本より好調な滑り出しで、結果的に3.5万部を達成することができました。

こういった言い方ができると、採用する会社側も、商品が別のものであっても、同じように比較分析し、より販売を伸ばすために有効な手立てを見つけてくれるのではないかという期待感が持てます。

解決より課題発見が重要な時代

現代はソリューション過多の時代です。情報が増え続ける中で、課題の複雑性も増しています。解決策自体が一人歩きし、よりオーダーメイド型の解決策が求められるイタチごっこ現象が頻発しています。だからこそ、「これって手作業じゃなくてもよくない？」また逆に「これは機械でやっていたけど、人の手でやった方がいいかも」と、課題発見自体が価値になる時代なのです。

アドバイス

プロジェクトを「あなた視点」で語ってみよう

Q 他にどこを受けられてますか？

つまり うちの会社への希望度は？

「将来的にこういうことがしたい、だからこういう業種がいいと思い、だから御社やB社やC社を受けています」と面接時に話した内容と辻褄が合っていれば基本的にはOKです。ですが、面接で伝えていない、伝え損ねた本音がある場合、事実のまま、「B社とC社とD社です」と正直に答えなくても大丈夫です。「御社が第一志望です」と答えましょう。第一志望だから必ず入らないといけないということはありません。内定を頂かない限り、「行く、行かない」の決断ができません。

前提として、**会社側も他社と並列に並べられるというのは気持ちのいいものではありません**。例えるなら「結婚相手探してて今10人会ってるんですけど、今日あなたが11人目です。今回はどうかな？」と思われているのと同じようなものだからです。

入りたいと思っている会社の場合は、「こちら側もあなたに対して、他とは違う良さを感じています」ということを伝えられた方がいいでしょう。

回答例

「いくつか受けましたが今月中に決めようと思っています。2つ候補があって、1つ言えないんですけど、もう1社は御社です」

「B社を受けようと思っていますが、もし御社が決まったら御社に決めます」

というような回答もいいと思います。もう半分その会社を選んでいるという伝え方や「他社を受けるつもりだったけど、受けないこともできますよ」という伝え方は、相手を本気にさせます。様子見の会社の場合は、「一応他も受けてみたのですが、今のところピンとくる会社がありません」というような言い方もできます。この言い方だと、会社側もその会社のよさを多少アピールしてくれるので、情報を引き出すこともできます。

会社の名前を挙げた時に、具体的な進捗状況や会社の優先順位などを聞かれたとします。もし既に他社で内定をもらっている場合は、今回の転職活動が自分の人生にとって大切な決断となることを伝えた上で、仮に御社から内定をいただく場合も納得してから決めさせていただきたいという伝え方は無難ではないでしょうか。

アドバイス

「御社が第一志望です」と伝えよう

Q 10年後どうなっていたいですか？

つまり

どれくらい見通しを持っていますか？

入社後の活躍のイメージを持てているか聞かれています。この問いに対しては、仕事のサイズを大きくするステップを示せるといいでしょう。「株式会社」に転職する以上、成長することは義務であり、ルールです。会社とともに成長するイメージを自分なりに伝えてみましょう。会社によって、よしとされる内容は若干異なります。

・大企業、歴史が古い年功序列型の会社

面接の場面ではあまり尖った野望は歓迎されないので、プロジェクトベースでの話がいいでしょう。「①今○○部で推進されている〜〜のプロジェクトに携わり、②プロジェクトの規模自体を大きくし、③ゆくゆくはプロジェクトの部署ができるくらいの仕事に仕上げたい」などがおすすめです。角を立てずに成長してくれて、かつ長期間いてくれるであろうことが求められます。

・ベンチャー企業、実力主義の会社

プロジェクトの成長ステップに加えて**「幹部メンバーの1人になりたいです」が非常に求められています。**サイバーエージェントしかり、リクルートしかり、ベンチャー企業はほとんどこちら側です。これが言いづらい場合は、プロジェクトの話で完結させてもいいですが、自分がそれだけの熱量をもって、一定期間成長角度が高いまま取り組みますという姿勢が見えると受け入れやすいです。

ここで気をつけたいワードは「将来独立したいです」。若くしてどんどん独立する人が増えること自体、世の中的には良いことですが、採用する会社からするとそういう事例がたくさん出てしまうと、ロールモデルのイメージが「活躍したら独立する」となってしまい、求職者側も「あの会社は独立する準備の会社」と捉え出してしまいます。早期退職者が活躍しているというのはブランディングとしてよくないので、**「採用・育成してもらった暁には、長く御社に貢献させていただきます」**という姿勢が見えることが大事です。

アドバイス

先輩社員をベンチマークすると伝わりやすい

Q 休日は何をしていますか？

つまり

自己研鑽していますか？回復の方法を持っていますか？

この質問では、意外と重要なことが問われています。休みの日に自分を高める何かをしているか、そして会社の疲れをリフレッシュし気分転換する方法を持ち合わせているかを会社は聞いています。自分なりの自己研鑽の方法と、精神的・肉体的な回復の方法を答えられるとよりいいでしょう。

回答例

映画鑑賞は欠かさないようにしています（自己研鑽）。また、平日は運動不足なので日曜日に公園をジョギングしています（リフレッシュ）。

自己研鑽の方法は、本を読むでも、美術館に行くでも、セミナーに参加するでもいいのですが、**直接的な仕事以外の方法であるとベターです**。たとえ、家でゴロゴロしているのだとしても「NetflixとHuluの違いを研究しています」という言い方だってできます。こう言えば、休んでいても企業の研究はクセとしてできているということが伝わりますし、「新しいアウトレットモールができたら行くようにしています」と言えば、それは会社での仕事に活かせそうな感じがします。

回復の方法については、犬と散歩をするでも、ジムに行くでも、学生時代の友人と会うでもなんでも構いません。自分が採用をやっていたときは、さらに直接的に「すごくストレスがかかるときや精神的にまずいときに回避する方法を持っていますか？」と聞いていました。これは、基本的には「自分でうまくコントロールしてくださいね」というメッセージです。もちろん会社側もサポートしますが、人によってかかるストレスや回復の方法は違うのでサポートしきれない部分があります。人と話す場がある、汗をかくなど**リフレッシュの習慣がその人にあるというところが見えれば、会社側は安心して採用できます。**

逆にやる気を見せようと「とにかく仕事で結果を出すしかないので、土日も出勤します」と言ってしまうと、会社側はコンプライアンス的にも「やる気があっていいね」とはもはや言えませんし、過労などで体を壊されてしまうと会社の責任になりますから、落とす理由になる可能性があります。

アドバイス

転職に関係なく自分なりの方法を持っておこう

Q 働く上で何か懸念はありますか？

つまり

家族や自分のことで不安要因は？

プライベートのことは、デリケートで面接官からは聞きづらい話題です。また、実際、家族構成や出身、宗教などルール上聞いてはいけないことは存在します。何か自分の個人的なこと、家族のことで心配ごとや不安要因があるなら知りたいという場合は、こういった聞き方になるかと思います。聞かれた場合も不安な要素があって話せるなら、その方がお互い安心です。そのための面接の場でもあります。女性の場合は、出産育児などは大きなテーマですし、そうでなくても介護しながら働くという人々も多く出てきています。

うつになったことがある場合

また家族のことだけでなく、もし求職者自身が過去に会社で何かあった場合は、「うつ病になったことがあります」「パワハラを受けて一時休職したことがあります」ということは会社側は率直に言ってほしいと思います。また言ってもらえたことで「今は大丈夫ですか」「なにか対症療法はお持ちですか」と、対策を考えることができます。

仮に「健康状態はいかがですか？」と面接で聞かれた場合、「心身ともに健康です」「会社を休んだことはありません」などと言いがちですが、過去にうつになったことを理由にお断りすることは、ほぼありません。昨今は、過去にうつになったという人の絶対数は増えています。

なぜ申告してほしいかというと、**それによって誰をマネージャーとするか、どのチームに配置するか、誰と一緒に組ませるかを検討したいからです。**「活躍するイメージが湧いたけど、持病があるんだな。だったらいきなりこの部署よりかはここで預かってもらって、慣れてきたらここでやってもらおう」となったり、「伸びているチームだけどここは体育会気質だから、まずここに行ってもらおう」というように配置を考える材料になります。

少しでもその人のことをいいと思うのであれば、その人が活きる場所に配置するのが人事の仕事です。これを面接時に伝えることは、結果的に自分のためにも会社のためにもなります。

アドバイス

転職はいつでもできる。あなたの人生を優先すべき

Q 仕事で大事にしていることは？

つまり 人としてのマナーや信念がありますか？

シンプルな言葉を一つ用意しておきましょう。この回答によって採用を決めることはないからです。「これは、坂本龍馬の名言なんですが…」「イチローさんがインタビューで言われていたことなんですが…」と奇をてらったことは言わなくて大丈夫です。多くの場合、面接官はそういうことは求めていません。

回答例

「約束を守ることです」
「相手の立場になってものごとを考えることです」

こういったベタで王道ながら、ビジネスパーソンとしてはずしてはいけないことを話すのがベターです。ちゃんとコミュニケーションできるか、キャッチボールできるか、お願いしたことを守るか、人としてのマナーを守るかということを問われている場面なので、

ここで差別化する必要はありません。 また、仮に社会貢献意識が強い人であっても、「人類から不幸をなくすことです」という類の発言も微妙です。仮に信念がそうであったとしても、その信念がビジネスを進める上で邪魔な思想だと感じられてしまうと、これまでの努力がムダになります。求められている役割はそこではないという話になるので、あまり話を広げすぎず、前述のような2点に集約した方がいいでしょう。

言動一致できることがベター

重複しますが、この質問の回答で合否が決まることはありません。なぜなら、ファクトではないからです。あえて合格の理由に近づけようとするなら、**すでに自分が「できていること」を信念にしてしまうことをオススメします。** 仕事人として求められる基本の動作（聞く、書く、読む、話す）のところで言及することが無難です。「メールのレスはなるべく早くします」「相手が読み取りやすい言葉にします」という発言の方が、仕事をしている姿もイメージしやすいのです。

アドバイス

一流の人ほど地に足のついた信念を大切にする

Q 5年後どんなポジションにいたいですか

つまり

マネジメントタイプ？ プレイヤータイプ？

ここで問われているのは、「あなたはマネジメントを目指しますか？　それともプレイヤーとしてスキルを高めますか」という点です。これは、求職者自身が、採用の打ち出しに合わせるべきです。「社長人材募集！」であれば「マネジメント志望です」でOKです。「○○のポジション募集」であれば、「代替のきかないスペシャリスト人材になりたいです」でOKです。

採用募集自体に、特にそういった打ち出しが見られないようなら、会社としては結局両方必要なので、素直に答えていいと思います。嗜好性を聞かれている質問ではありますが、採用率を上げるということにこだわるのであれば、現状その会社に少ない方を選べば採用率は上がります。

アドバイス

迷ったら「プレイヤー」を選びましょう

Q これまでで一番のピンチは何ですか？

つまり

課題の認識はできますか？
手を打てますか？

これは、ぶつかった課題を課題として認識し、どう工夫して乗り越えたかということを聞いています。「上司が間違っていると思ったんです」ということは、そこに気が付いているということ自体、視座が高い話です。そしてそれを、「上司に直接言うと角が立ってしまうから別の方に言ってもらった」なども良いです。

回答例

自分自身が新卒で入った会社でなかなか仕事の勝手がわからず結果が出せませんでした。これを解決するために、身銭を切って勉強会に行くようになり、そこで学んだ内容を実践したら、結果が出せるようになりました。

アドバイス

ピンチと解決策をセットで伝えよう

Q 当社の商品はご存じでしたか

つまり

商品のファンかどうかを聞きたいわけではない

「面接受けるくらいだから、うちの商品知ってますよね？」と受け止めがちかもしれませんが、そうではありません。商品を知っていたら知っていたで歓迎ですが、特にBtoBの会社の場合は、商品が世に出回っているわけではないので、知らないことがほとんどです。知らないなら**「申し訳ありません。存じ上げませんでした。ご教示いただけますでしょうか」**と言った方がいいです。BtoBの会社で、そのサービスを使っている側だと、ユーザーとしての感想を伝えられるので重宝されるということがあります。ＩＴ業界ではそういう転職をすると即戦力になるケースが多く見られます。一方、BtoCの場合は消費者だから価値が出せるかというとそうとは限りません。その場合はむしろ、ライバル商品を愛用しているという方が話を聞きたいと言われるケースが多いでしょう。

アドバイス

「教えてください」と言えるのも一つのスキル

Q これまでの経験をどう活かせますか？

つまり

この会社で活躍するイメージ持ててますか？

これは、異業種転職の場合の質問です。無理に前職で培った経験を活かすということは言わなくていいです。企業の求人票はＱ＆ＡのＱにあたります。「この仕事をあなたにお願いしていいですか？」と問われているので、「これは満たせます。具体的には、こういうやり方をします」と聞かれたことにストレートに答えることです。意識しなくても、あなたのこれまでの仕事の進め方はにじみ出ることを面接官は知っています。これまでの経験を活かすことにこだわりすぎると、求められていない回答になる可能性があります。「前職で得た人脈でこうします」「前職の知見を使ってこうします」だと伸び代を感じません。「手札の一つとしてこれまでのノウハウや人脈は使えるが、時と場合と状況に応じて最善を尽くします」が模範回答です。

アドバイス

全く同じ課題などない。応病与薬のスタンスで

Q 理想的なワークライフバランスは？

つまり

チームとして働くことはできますか？

これも嗜好性に紐づく質問と言えるでしょう。仕事に比重があるタイプなのか、休日は普通に休みたいタイプなのかということです。正直に答えて大丈夫です。ただ、唯一気をつけたいのはチームが踏ん張らないといけないときにもそれと関係なく自分は休みたいと「自分勝手さ」が必要以上に伝わるのはよくないです。例えば、四半期ごとに決算がある経理のような部署だと3ヶ月ごとに業務のピークがあります。このサイクルの中「前からの予定なので、私は休みます」という人がいると、他の人に作業の負担が行くのはもちろん、嫌気がさしてやる気のある若手が辞めてしまうということが起こりえます。毎日同じリズムで仕事が続くわけではないということ、**仕事の波を許容できるかという点は非常に重要です**。「善処します」というスタンスが求められます。

アドバイス

成果を出せば権利は獲得できる

Q うちの商品について変えたい部分はありますか？

つまり

改善力を試されている

これは相当難易度が高い質問ではないでしょうか。この質問では、考える力を尋ねられています。ビジネスにおいて「考える」は8割くらいが改善です。ですから、その改善力を問うには有効な質問といえます。ただ、目の前で商品を出して改善策を出したとしても、結局まだやっていないことなので、本当の意味での点数はつけられません。ですから、この質問についてもこれで合否が決まるようなものではないと考えてください。

これを聞かれてしまった場合は、面接官に「目標と課題を聞く」という方向をおすすめします。つまり、変えるには変えるための理由が必要なはずですが、その目標がどのあたりなのかということをこちらから聞いてしまうのです。また、発展形として、同業他社がやっていてその会社がやっていない商品をやってみたいという提案もいいと思います。

アドバイス

最初はズレるので堂々と間違えよう

Q 仕事で努力したことは何ですか？

つまり

再現性と主体性がありますか？

「再現性」については、成果を出すための努力が会社、業種、職種が変わっても再現できるかどうか、これがあなたに投資をするかどうかの判断材料になります。成果に対するプロセスがあなたの中で言語化されていれば良いでしょう。

回答例

現職では、スマートフォンのアプリを作る仕事をしました。そのときは会社に前例がなかったので、違う会社に話を聞きに行き、最新の情報を仕入れるようにしていました。それでアプリの開発は成功し、事業自体も安定的な業績を出せるようになりました。

このように、成果を出すために**「自分でこう工夫した」**というのが見えると、転職後も成果を出すための工夫ができるだろうなと思えます。人材領域でNo.1カンパニーで、営業も昔からの型がある。こういう場所で成果を出すというのは、意外と工夫がありません。「大企業でしょ」「ルート営業でしょ」と思われがちな人ほど、自分が工夫したことがあるのであれば細かく説明した方がいいでしょう。

主体性＝課題を自分の手で解決しにいったか

回答例

定例会議のやり方なのですが、毎回すべてを議事録にまとめるのは担当者が大変だと思ったので、上長にかけ合ってホワイトボードを写真に撮り、それを送るだけというルールに変更しました。

アドバイス

「努力」を人に説明する努力を

「主体性」については、どの会社も確実に欲しています。会社の雰囲気が悪い、売り上げが頭打ちになったという問題はどの会社にもあって、みんな問題に気づくことはできます。そこに対して、自分はこう動いたという回答が求められます。間接的な働きかけをするか、自分の手の届く範囲では変えようとするか、この具体的な行動の実績が大事です。

Q 当社の社長の氏名をご存じですか？

つまり

村文化の会社かそうでないか

これを重視する会社はあまりありませんが、ある意味会社の体質が出やすい質問ともいえるでしょう。もちろん知っていて答えられるに越したことはありません。ですが、同時進行で複数の企業を受けている場合、全ての会社の社長を覚えるのは難しいです。例えば、「ドコモの社長って誰？」と今聞かれて、あなたは答えられますか？　社名が有名でも社長の知名度はそれほどないというケースはよくあります。面接官もそのことをあまり気にしません。ですから、知らなければ知らないとはっきり言って大丈夫です。

知らなくて怒られるくらいなら、入社しなくていい

おそらく、転職者が活躍しているような会社なら「すみません、勉強不足です、存じ上げません」で通じるでしょう。知らなくてもいいという構えの会社は、そもそも社長自身が、「いくら自分がメディアに出ていても知らない人の方が多い」ということをちゃんと

理解しています。だからこそ、社長自身も何千回としているような自己紹介をしてくれるものです。

一方、古い体質の会社や新卒一括採用で村文化の会社は、「えっ、知らないの？」という反応になりがちですし、一から教えるの面倒だなと思われるかもしれません。でも、これは正直、転職希望者が活躍しやすい会社ではありません。教育コストを面倒に感じる風潮があるからです。もし、社長の名前がわからなくて怒られるような会社なら、安心してお断りいただいていいと思います。

ちなみに、僕が会社との面接前にやっていたことはTwitterとYouTubeで社名を調べる、企業サイトのプレスリリース部分を見ておく、くらいのことです。僕も営業職をやり始めた頃はくまなく見ようとしていましたが、１００件アポをやり始めてからは全く見なくなりました。知らないことは知らないと言った方が理解が早まります。その方が結果的に関係性も築けることに気づきました。ただ、選考が進んだ場合は可能な限り面接官の名前は聞いておきましょう。事前に調べておいて把握しておけば、相手は悪い気はしません。

アドバイス

面接官の氏名を事前に聞いておこう

Q キャリアブランクがありますが…

つまり 腕は鈍っていないですか？

人によっては、半年、1年とブランクがある人もいるでしょう。これも転職の場合は即戦力かどうかを問われているので、「出産」「介護」など、理由が明確かどうかは聞いておきたいですし、もし転職活動が長引いているのだとしても、即戦力感が伝わればマイナスにはなりません。

回答例

「転職活動をじっくりしていて、半年期間があいているのですが、個人でも仕事は受けていたので業務にはすぐ取りかかれます」

「介護退職をして半年間職場での仕事はできていなかったのですが、自分の領域の資格の勉強は続けていたので、すぐに復帰でも問題ありません」

というような答え方でしょうか。

これは業界によっても差があります。例えば、インターネット業界だと「1年遠ざかっていました」は業界のルールが変わってしまっている可能性があるので、マイナス要因になります。一方、看護師や教師など資格を必要とする業種の場合、1年程度のブランクは問題ないでしょう。要は、教育コストが必要以上にかからないかという確認です。

仮に、精神的不調でその間外部との接触がなかったということでも、聞かれなければ面接の場でその情報は不要です。自分が即戦力になれる理由だけを伝えましょう。無理かどうかは、採用する側が判断します。

最近は、キャリアブランクはつくらない方がいいとか、就職浪人もしない方がいいとか言われていますが、**それ自体も経験にできる方がむしろ価値が高いと僕は考えます。**「ブランクがあったけれど、その間に旅行や語学留学に行って仕事では得られなかった知見が得られた、仕事以外の人脈が得られた」ということも自身の武器として伝えられた方がいいです。仮にブラック企業に入って、3ヶ月で辞めてしまったとしても、「それも経験としてよかった」と言える人の方が会社側はどんなことも経験に変えて、活躍してくれそうというイメージが湧くからです。

アドバイス

「キャリアブレイク」もキャリアの一つ

Q あなたの強みは何ですか？

つまり

自分の活かし方を知っていますか？

これは、スキルに関しては得意分野または得意なやり方のどちらかに絞って話すといいでしょう。僕の場合、「インターネット業界に10年いました」は分野的な強みです。ただ同じようなインターネット業界を受ける場合はそれは強みとしては判定できないので、その中でも「営業的なやり方が得意です。採用も営業的にやります」であれば得意な「やり方」として再現性の高さを伝えることができます。

自分の強みを知っている人は少ない

前提として**自身の強みは自分1人では知りえないもの**です。1社目のサイバーエージェント時代に、昇格したタイミングで人事本部長と話をしていたとき、「ようやく福山君は自分の強みが理解できたんじゃないか、君は営業が得意なんだよ」というようなことを言われ、その場では「いやいや、僕が得意なのは企画です」と返してしまったのですが、

「でもそこで結果出てないよね」「1ヶ月100件アポに行くというのはすごい数の社員がいるけど誰もできてない、それを頑張ってるつもりなくても結果が出ているんだから、その営業スタイルが強みということなんだよ」と言われて初めて腑に落ちました。「そうか、自分が得意なのって営業なんだ」と認識できたのです。このように、人から指摘されないと気づけない、それが強みの特徴です。正直、得意分野は企画とか経営とか言いたいところに「営業だ」と言われて悔しい部分もありましたが、そこに軸足を置くとみんなは頑張らないとたどり着けない領域でも、自分はそんなに頑張らなくてもできるということが再認識できました。これは**普通自分では気づけないので、これを認識できているというだけで即戦力になれる可能性が高く見えるのです**。

自分だけが思い込んでいる強みを答えてしまうケースも多いと思います。ですから、事前に周りの人に聞いてみるといいと思います。野村克也監督の話で「評価は他人の評価が正しい」いう話があります。自分自身が思い込んでることではなく、他人から言われたことを真摯に受け止めた方が本当のことがわかります。プロフェッショナルとして結果を他人から評価されて初めて価値提供できたことになるのです。

アドバイス

頑張ってなくても「すごいね」と言われることは？

Q 弱みは何ですか？

つまり

配置を決めるために参考にさせてください

弱みについては、それを克服できるかというより、適材適所配置をするための判断材料にするために聞いていると思ってください。ここは誤解しないでほしいのですが、**弱みがあるから採用しないということは基本的にありません。**即戦力としてのあなたの活かし方を考える中で、「成果を出したい役割、仕事のやり方はありますか？」という質問です。ですから、「弱みはありません」と答える必要は全くありません。入社後にあなたの得意分野や得意な仕事の進め方を聞いている質問です。

回答例

人事は5年間の経験があります。ですが、労務や労働基準法に関しては前職で扱っていなかったのであまり得意ではありません。ただ、採用や採用広報に関しては得意ですし、自信もあります。

こういう答え方でいいのではないでしょうか。これはつまり、労務や労働基準法のような守りの仕事を期待されても結果が出せないので、御社として自分のリソースの使い方がもったいないですよ、という意味なります。これは、マナーとしても伝えた方がいいです。「この作業やるくらいなら、こっちの方が結果を出せますよ」と求職者側が言ってくれれば、企業は採用だけでなく配置のことまで考えられるからです。

第二新卒の場合

ただ、第二新卒の場合は、20代前半でそもそも経験値があまりないので自己認識を問われていると考えればいいでしょう。昨今の新卒就職市場に照らし合わせると、しっかりした自己分析をしないままなんとなく内定が取れたという人が増えている現状があるので、自己認識ができていない第二新卒の人が一定数います。

最低限、自分の「強み」「弱み」は説明できるようにしておきましょう。わからない人は信頼できる人から教えてもらいましょう。

アドバイス

どこでも「強み」を活かすことが求められる

Q 趣味はありますか？

つまり

仕事に通ずる自己研鑽はありますか？

「ない」と答えていいことはありません。趣味は1つに絞るのは難しいかもしれませんが、答える準備はしておきましょう。あえて面接用に回答を用意するならば、より自己研鑽につながるような回答が望ましいです。仕事に好影響を与えているかどうかは、面接官にとってプラスの情報です。

回答例

子どもとアンパンマンミュージアムに行くことです。そこでの収益構造がどうなっているか考えたり、イベントの周期がどれくらいか、取り組みも親御さん向けの施策か子ども向けの施策か、参加料金はいくらぐらいかなどをチェックするようにしています。

こういう感じだと非常に通しやすいです。「この人は社内で研修を施さなくても、趣味の中で自己成長のループを持っているな」と思えるからです。一方、答えに詰まってしまった後「音楽鑑賞です」など回答が月並みだと、プラスにはなりません。特に知的生産性を求めるような職種では、「趣味はないです」は致命的です。**日常からビジネスが生まれるのが一般的だからです。**趣味がないということを落とす理由にしてはいけないと思いますが、実際のところでは「趣味はありません」は、よほどの理由がない限り、プラスにはなりません。業務委託ではなく、社員としてその会社の一員になる以上、人間としての面白みは判断材料になります。

この設問自体、求職者としては「プラスαの雑談みたいな質問でしょ」と捉えているかもしれませんが、意外とそうではありません。今の時代、人がやらなくてはいけない仕事には、より感情的な部分が求められるようになりました。「趣味」の比重は上がっているのです。

また、趣味がストレス耐性やリフレッシュに寄与していることももちろん念頭に置かれています。健康状態や病気がないということに加えて、精神的な衛生が求められる時代ですから、回答を準備しておいた方がいいと思います。

アドバイス

ニッチな趣味でも魅力を伝えられたら好印象

Q うちで何がやりたいですか？

つまり

あなたの成長と会社の成長は合致しそうですか？

これは、3ステップあるといいと思います。まずは、**①配属先で結果を出し、②もう少し大きい仕事にもトライし、③会社を格上げするような仕事もやりたい**、だと満点回答と言えるでしょう。これなら、会社もあなたに対して投資のしがいがあると思えます。例えば出版社での面接だとしましょう。

回答例

まずは、ビジネス書で結果を出したいと思います。その後文芸書にもチャレンジしたいと思っていますし、将来的には映画化されるような作品をつくって御社の格を上げたいんです。

こういう答え方です。「とにかく御社に入って本をつくりたいんです」だと、業務委託でいいんじゃないかという話になってしまいます。成果のステップアップを伝えた方がお互いに成長のイメージがついていてよいです。しかし、面接でこれが言える人は実はあまりいません。なのでチャンスです。

気をつけたいNG例

逆にNGの例も2つ伝えます。1つめは**解像度が低いまま話してしまうケース**です。これは憧れの会社への異業種転職などでも起こりがちです。「なんとなく、広告の仕事をしてみたいと思っています」というのは突っ込みどころ満載です。憧れの会社だとイメージが先行してしまう例もあるかもしれませんが、「会社に入ること」自体が夢だと、面接官にとってはその先の活躍が想像しづらいです。

2つめは、**求職者自身のキャリアプランは明確だけれど会社との絡みが見えないケース**です。「この会社で実績を積めたら、外資系の企業に行きたいです」「ゆくゆくは海外で働きたいです」と言われてしまうと、あなたがこの会社に入って「この会社」をどうしたいかが全く見えないのです。事実、会社としてのステップアップを語れる人は少ないのですが、採用側としてはそれを言ってくれたら採用したい気持ちは高まります。

アドバイス

叶えたい野望を謙虚に伝えよう

Q なぜこの業界を志望するのですか？

つまり 異業種転職の理由は？

結論としては、自身のキャリアアップを主眼に置いた説明で大丈夫です。

回答例

インターネット業界で10年やってきました。デジタルシフトがあまり行き届いていない領域に自分の身を置けば、求めている会社が多いのではないかと思ったので、今回この業界で転職活動をしています。

「業界の成長角度が高い方が、同じ結果を出しても世の中に与える影響が大きくなると思うからです」とも答えられます。これは、独りよがりに聞こえる可能性もあるので、その他の質問時の回答でバランスをとりましょう。

アドバイス

「誘われたから」でも自分で意味づけしよう

Q 弊社のどこに魅力を感じましたか？

つまり

知らなかったのになぜ弊社？

1つめは、「自分との掛け算に可能性を感じる」という言い方です。つまり、自分が入ることでお互いもっと成長できる、会社をもっとよくできることをきちんと語れると採用する側にとっては頼りがいを感じます。

2つめは、「今後の成長に期待を持てると感じました」という回答です。知名度のない会社にとっては、これは嬉しい言葉です。その根拠として、社長や社員の発言をもとに共感した旨を伝えられるといいでしょう。事実、単に「新聞に、ネットニュースにそう書かれていたから」ということではなく、自分自身がその会社の伸び代に魅力を感じたならば、あなたはきっとその会社で活躍できるからです。

アドバイス

「自分が感じた」魅力を語ろう

Q 同僚は年下ばかりですが大丈夫？

つまり

カルチャーマッチを問われている

これと同様に「年上ばかりですが、大丈夫ですか？」「同世代がいませんが、大丈夫ですか？」「同期がいませんが、大丈夫ですか？」というのもよく聞きます。これは、年上か年下かで大きく違う話題なので要注意です。年下ばかり、という場合は**「物事のスピード感が速いですがついていけますか」**という示唆でしょうし、年上ばかり、の場合は**「決裁に時間がかかるし、年功序列だからあなたの意見は通らないことが多いですよ」**というメッセージになります。

似たようなものに「同い年もしくは年下の人が上司になる可能性がありますが、大丈夫ですか」というものもあります。これは、「実力主義の会社なので仮にそうなっても組織の論理で動いてくれますか」という話です。これは僕にも経験があります。面談で「年上が多いです。これまで福山さんはトップでやってきたかもしれませんが、下になります。また、これまでは今日明日でやり方を変えられたかもしれませんが、これからは決裁のスピードは普通に1ヶ月かかりますが、許容できますか」というようなことを話され、そのとき瞬時に無理だなと思ったので、断ることができたということがありました。

通ることだけにこだわらない方がいい

どちらにしても、精神的に無理、生理的に無理と感じるなら、「ちょっと考えます」とか「ちょっと抵抗があります」と言った方がいいでしょう。正直、ここが合わないなら活躍できる確率は下がると思いますし、最初に無理と思った環境に順応するというのは相当ハードルの高い課題です。自分が順応できる課題とそうでない課題があるはずです。そうじゃない職場だっていっぱいあるので、ここは自分に正直になっていい部分だと思います。**もし、少しでも不安を感じたら、その感覚は当たっています。**恐らく向いていない環境なのです。そうではなくて、あなた自身が「関係ないですよ、自分も実力主義なんで」という発想なら、きっと大丈夫です。面接を通過するだけのことを考えたら、いい回答は「大丈夫です」の一言なのですが、ここは入社後の環境に深く関わってくるからこそ自分の感覚を重視していいと思います。

アドバイス

環境面は事前にしっかり検討しよう

Q 繁忙期は残業が続きますが大丈夫？

つまり

忙しい時期、多少無理してくれますか

これは言葉通りの質問です。基本はイエスバットで答えれば大丈夫です。

回答例

はい、大丈夫です、頑張ります。ただし、家族の通院で隔週木曜だけ付き添いをしているのでその時だけ定時上がりをご相談させてもらうことがあるかもしれません。

このように、残業は大丈夫だけれど条件があって…という伝え方がいいのではないでしょうか。もし残業はイヤだという気持ちがあったとしても、最初からあまり正直にいきすぎると面接官からすれば、別の人と同じ実力で並んだ場合は、「大丈夫です」と答えてくれた方を採ってしまうのが心情です。

ハードワークをさせられるとは思わなくていい

現在、労働基準法でも残業時間については年間での上限が決められています。上場企業の場合は、月平均80時間が上限となっています。ですから、例えば3月が決算月でどうしても残業が続き、１００時間を超えてしまったというようなときには、人事部で「来月は残業なしにしてください」「来月は有休4日はとってください」などと、調整を図っています。年間上限時間を超えてしまうと会社側が罰則を受けるためです。国の制度的にも、社会の流れ的にも、会社がここからこれ以上ブラックになるということは少ないです。現職の会社がブラックな人ほど過剰反応してしまいそうな質問かもしれませんが、ハードワークをさせられると思う必要はありません。むしろ、「前職がブラック企業だったから、これくらいまでは大丈夫です」という言い方をすると会社側も多少安心するかもしれません。

あくまでも、過度な残業をしてほしいと思っているというよりは、**会社みんなが大変なときに多少の融通はきかせてくれますかという姿勢を見られています。**

アドバイス

１００％マイペースを望むなら就職しない方がいい

Q 今日この後のご予定は？

つまり 「もう少し話を聞きたい」の可能性も

これは時間帯が夕方またはお昼前などで「食事かな？」と思ったら、食事などでプライベートを晒して気に入られるのが得意な人は行った方がいいと思います。面接官が「まだもう少し話を聞きたいな」ということもあるでしょう。反対に、苦手な人は、「次、またちょっと予定がありまして」と逃げても大丈夫です。

要は自分の得意分野で戦いましょうという話です。僕も、今でこそ食事でどんな会話になっても返せるという自信がありますが、昔は会食が得意ではありませんでした。「仕事しかしてないです」という感じでそこで本性を出してもつまんないやつと思われてしまうかなという気持ちがあって、避けていました。それが１００％正解だったかどうかはわかりませんが、仕事では勝つ自信があったものの、プライベートの話では同じようにうまくできる自信がなかったので逃げていました、ということです。

特にそういう時間帯でない場合は、気にせず正直に話したがほうがいいです。取り繕おうとして、モゴモゴしたほうがコミュニケーションとして不自然なので相手が少し不安に感じることがあるかもしれません。「18時まで大丈夫です」「すぐ戻らないといけません」など、はっきり伝えられればどちらの回答でも大丈夫です。

面接のトーンと逆を出す

少しテクニカルな話をすると、面接のトーンと逆にするといいかもしれません。

回答例

「家に帰って、昨日のM―1の続きを見ます」（面接が真面目だった場合）
「1冊気になっている本があるので、書店に寄っていきます」（面接がくだけていた場合）

ギャップを示せるとあなたの人間性の幅が伝わると思います。使いこなせない人は正直に答えて大丈夫です。合否に関わる質問ではありませんが、「別の会社の面接です」だけは、あまり言わない方がいいと思います。

アドバイス

採用フローに「食事」が含まれる会社もある

Q いつから働けますか？

つまり 本当にうちに来てくれますか？

これは、内定の前段階で絶対に出てくる質問です。しっかり準備をしましょう。

回答例 明日からでも働けます。

極端ですが、これがやっぱり一番です。結局、明日からと言っても明日からのわけはないので、実際に明日から働くという点より、明日からと言うことで、**「間違いなく御社に行きます」という意思が伝わることが大事**です。会社の方もこれで本当に明日から来てくださいとは絶対言いません。仮に明日と自分で断言することが難しい仕事状況だとしても、長くても1～2ヶ月後には行けるというように答えてほしいです。確かに経理担当の人の場合、「四半期決算で次の決算まで自分がやっているので3ヶ月後が最短です」というケースもあります。仕方ありませんが、決算に関わる人・要職の人以外は辞めるのに本来3ヶ月もかからないはずです。3ヶ月でも長くて、本当は丸々2ヶ月以内には収まるといいと思います。会社側も手続きをしたり、パソコンの用意をしたりと受け入れ準備に2週間くらいはかかるものです。相手のことを考えれば1ヶ月前後で入社できるといいのではないでしょうか。

1年後に本当に入社するか？

なぜできるだけ早くと言っているかというと、仮に「1年後入社します」だと、企業側も「この人、心変わりするんじゃないか」という疑念を拭えないからです。昔、企業が学生を採れなかった時代は、それこそ内定後に旅行に連れて行ったり、内定者研修を毎月行ったりということをやっていました。これは結局、できるだけ接点を持って心変わりしないように、ということです。今は、情報が多い時代ですから、内定取得後も転職サイトなどから退会をしなければ、情報は入り続けます。以前より心変わりしやすい状況になっているのです。少なくとも最終面接の前には、入社のタイミングを決めて、この質問にも即答できるようにしておきましょう。

アドバイス

「すぐ辞められること」もビジネススキル

Q 希望の年収はありますか？

つまり 現職の年収は？どれくらいかかる人？

まず現在年収の把握、そしてお給料は会社にとっては毎月かかってくる固定費になりますから、どれくらいのコストになるのか知りたいという意図で聞いています。この問いに正解はありませんが、若いうち、特に子育てや介護の負担などがない場合、キャリアアップの観点から年収を下げる転職も僕は推奨しています。

これは、**年収を下げてでも経験を買いに行ったほうがいい場面がある**からです。年収が上がる転職は、今できることを少しずらした領域でやるというパターンで、これは自分ができることは今の1.2倍くらいにしかなりません。ですが、全く違う領域に行くと未経験ゆえに年収は下がっても、その分の経験値を買えます。そこで結果を出して年収を上げていけると、2つ以上の専門性が身につきます。ゆるぎない仕事人としての資産になります。

自分に実績があると自負のある人

面接官として見てきた求職者の人がどうだったかというと、「６００万円です」と額を言う人と、「御社の規定に従います」と言う人の半々くらいです。会社側としては「御社に従います」と言われた方がラクですし、20代であまり実績のない人はだいたい会社に任せてくれます。ですが、既存の人事だとただ単に年齢で会社の水準に並べてしまうので、実績がある人の場合は「お任せします」と言われる方が逆に困ります。ですから、

回答例

希望は○○○円ですが、御社の規定に従います。

だと、具体的な希望もわかり、なおかつ任せてくれているので稟議を通しやすくなります。私が相談に乗っていた人で、希望額をはっきり言って「希望の年収と実際のスキルの乖離がありすぎます」ということで落とされた人がいました。確かに自分のスキルを企業がどれくらいと判断するかはこちらは知りえません。希望額を「○○○円です」とはっきり断言する場合は、その根拠を示す実績を用意して臨みましょう。

アドバイス

「年収＝スキル」ではないので要注意

Q 何か質問はありますか？①

知るべきポイント

ビジョンや理念ならマイナスにはならない

基本的に、会社に興味を持っている、好意的に受け止めているということが伝わるような質問ならいいと思います。


「この土地には思い入れがあるんですか？」

「ビジョンにはどういう意図があるんですか？」

「社名に由来はありますか？」

「社長ってどんな方ですか？」

「男女比はどれくらいですか？」

「平均年齢はどれくらいですか？」


など、中には調べればわかるようなことでも直接聞きたいですという気持ちが伝わればOKです。もし相手が社長の場合なら、エントランスや会議室などに掲示されている社是について質問すると喜ばれるかもしれません。**ビジョンや社是に関する質問は絶対にマイ**

ナスにはなりません。

一方、微妙なのは権利を取りにきている質問です。福利厚生、昇給、昇格についてなどは、結果を出せばよくなるに決まっているので、わざわざここでは聞かなくていいでしょう。私が面接官をしていて一番よく聞かれた質問は、マニュアル通りではあるのかもしれませんが**「福山さんはなぜこの会社に入ったのですか？」**です。これはあながち間違いではありません。誰しも自分のことを語りたいという欲求は本能的に持っていますし、その理由に共感することは面接官も求めていると思うので、ポジティブな話を聞くことができるでしょう。

唯一質問しなくていいとき

「質問はありますか？」に対して「何もないです」は基本なしだと思いますが、唯一ありなのは、あなたが落としてほしいと思ったときです。その会社はないなと思ったときはこう言った方がいいでしょう。これは暗に落としてくださいとイコールですし、会社側も落としやすくなります。入りたくないときはこれでOKです。

アドバイス

質問は3つ以上用意して臨もう

Q 何か質問はありますか？②

知るべきポイント

活躍可能性をこちらから問う

僕自身がされてよかった質問は**「どういう人が活躍していますか？」**です。これは先のイメージ、一緒に働くイメージが持てます。また、本気度を伝えようとしてきていること自体がもう立派なコミュニケーションスキルです。本当にこの会社を伸ばすプロジェクトメンバーとして入ろうという姿勢が伝わってくるので、社員として受け入れる必要性が高まります。もっと端的に言うと、

回答例

自分は御社で活躍できそうでしょうか？

というのもいいと思います。「活躍できます」と言わせることで、ある意味合意をとるという少し高度なやり方ではありますが。また、この質問をして「無理です」と言われたら、そういう会社はやめた方がいいので、それはそれでＯＫです。

極端な話をするとゼロイチをつくるのが好きな人が老舗の会社に来たときに「いやあ、あなたみたいな人は珍しいですよ、たぶんすぐ鼻折られますよ」と言われてしまったら、多分無理でしょう。でも、同じような会社でも状況が違って変わりたいと思っていれば、「あなたみたいな人を求めているんですよ」と言われるかもしれません。それなら多分活躍できますし、意見も聞いてもらえそうな感じがします。しかもそう言ってくれるということは、通す確率が高いということです。

早めに真意を探る

ハードルが高いかもしれませんが、勇気をもって質問できるといいと思います。これが難しければ言い方を変えて「私みたいな人はいますか?」「活躍できない人はどういうタイプですか?」でも結構です。活躍できない人というのは、主体性がない、わからないことをわからないと言えない、プライドが高いなどある程度共通項があります。ですが、**活躍できる人は、組織の状態やコンディションによって結構変わってきたりします。**それがマッチしているかどうかというのは、お互いの合意をつくりやすいよい質問です。

アドバイス

用意する質問には、自分なりの仮説もセットで

PART 5

内定獲得後のポイント

内定が出たらすること

知るべきポイント

雇用希望条件を書面でもらう

労働基準法では、内定は書面または電子データなどで通知をすることが必須となっています。これに対して、内定者の方も受諾書を出すものとされています。

細かい条件面でのすり合わせも同様で、労働条件通知書というものがありますが、ここがふわっとすると後々揉める可能性があるので、きちんと話をすることが必要です。内定が出た後に、条件面についての面談などがあるかと思いますが、もし希望や基準などがあるなら、書いて**書面でもっていくことをおすすめします**。

４００万くらいです、６００万くらいですというザックリとした言い方だと、残業時間代込みでその額なのか、ボーナス込みなのか、成果報酬込みなのかというところがお互いでずれている可能性があります。

条件面については雇用される側は言いにくい部分ではありますが、前述のように書面でもっていくか、それが難しければ、「内定をもらっていた他社からはこういう条件でもらっていました」という書き方でもいいと思います。いずれにせよ、会話でなんとかしようとするのは相当やりとりに慣れていないと難しいです。

または、**条件面についてはエージェントを経由して交渉する**というのも手です。言いにくい部分を第三者にお願いするのです。エージェントを使うよさはこういったところにあるといえるでしょう。

仕事環境の希望は追い追いでいい

「どういう条件で働くか」という面談をするときに、前職がフリーランスやそれに似た仕事状況の人の方が揉めやすい傾向にあります。これは、これまでの仕事の自由度をそのまま会社の中でも実現しようとして起こることです。例えば、私が経験したものでも、「出社の義務をなくしてほしい」という希望が出たことがありました。やはり基本出社はすべきですし、会社の人と顔を合わせてコミュニケーションすることも大切にしましょう。まずは、**会社の規則に則って、成果を出した後で、言う権利を獲得し**、職場環境の自由度を高くする提案をすればいいだけです。

アドバイス

手取りか額面か、自分の意志は示そう

複数内定で迷う場合

○ 知るべきポイント

経験資産を取りにいくべき

例えば、3社も内定をもらったのに決めあぐねている場合、入社する前の決断自体に正解はないので、迷うのも仕方がありません。選ぶのであれば「その中で一番経験資産を手に入れられそうな会社」をおすすめします。これは若ければ若いほどそうで、**迷っていればいるほど年収で決めるというのはあまりおすすめできません**。

せっかく転職するのだから年収を上げたいという気持ちはもちろんわかりますが、会社の業績次第で下がるかもしれませんし、年収を選択基準の1位に置くことで「年収を下げられないから転職できない」という方がきつくなってくることもあります。給与水準が下がってきている時代背景があるために、年収が上がったことが転職の成功と捉えるケースも多いですし、転職サイトの謳い文句もそうなっていますが、ここだけに惑わされないでほしいと思います。

目の前の年収アップか自分価値を上げるか

1つ例を出しましょう。大手広告代理店出身で20代で独立する人たちが増えています。彼らは会社をつくるのではなく、個人事業主として、これまで会社員時代は給料20～30万円でやっていたことを業務委託として50万円で受けるというようなことをしています。

これは、目先の年収は上がっていますが、自分の今までの数年の経験をお金に換えているだけで、やっている本人が一番わかると思いますが、時間の経過とともに正直苦しくなります。**経験資産を切り売りしているだけなので、レベルアップし続けない限り、来年再来年とその人の経験資産価値が少しずつ減っていきます。**

年齢が上がっていくとともに価値が上がっていく自分をつくりたいのであれば、経験資産に投資をするという発想が必要です。なるべく違う業界に行くか、違う職種に就くことをすれば2つ以上の視点、2つ以上のスキルを持つことができます。今の自分ができることの範囲だけで転職をしようとしない方が将来の自分を助けてくれます。

アドバイス

年収以外の指標を持つと視野が広がる

内定辞退をするとき

○ 知るべきポイント

礼儀をきちんと通す

内定を複数もらい、断る会社に連絡をしなければいけないのは気が重いものですが、これは礼儀をわきまえてきちんとする他ありません。また、仮に面接では「御社に入りたいです」と言っていたのにもう一社からお声掛けがあって断らないといけない、というのも仕方のないことです。**選ぶ権利はあなたが持っているので安心してください。**

断り方ですが、事細かに説明する必要はありません。「今回は○○社を選択することにしました」がベターです。それでも理由を求められ、答えるのが難しい場合は、「直感で決めました」なども無難です。採用側としても、「今回はそっちなんだね、また縁があったら会おう」というスタンスの人事が増えています。内定辞退自体、昔よりは角が立たないものになってきています。すべての会社はつながっているので、また何かのきっかけで一緒に仕事をする可能性は十分あるのです。

逆に、**あなた自身も、この先のキャリアで今回内定辞退した会社にお世話になる可能性もあります。**転職エージェントに関しても同様です。**あなたが採用する立場になった時のステークホルダーにもなりえるのです。**

辞退した会社と接点があるかもしれない

結局は嘘をつかずに誠実に生きるということが一番自分の身を守ります。

内定を断った会社と入社する会社が取引関係にあったり、業務提携関係にあったりで今後も接点があるケースだってあるでしょう。これは気まずい話ですが、気にし出したら何もできなくなってしまいます。これはこれ、それはそれと分けて考えるしかありません。

たとえ、気まずいからと逃げて回っていても、どこかで同じようなことが起こります。

世の中はどんどん人間関係が可視化され続けます。会社と言うよりは、面接の時に接点のあった人との関係性で考えればいいと思います。人間と人間の関係性を裏切らないことにしておけばそう悪いことにはならないはずです。

アドバイス

断り方に人間性が出る

現職の退職の仕方

知るべきポイント

確固たる意思を示す

現職を退職するにあたってすべきことは2つです。まずは①退職届を書く、そして②引き継ぎのスケジュールを決める、です。

①退職届を書く

退職届を書かない人もいるようですが、もう内定をもらった会社に行くと腹を決めているのなら書きましょう。なぜかというと、会話だけで退職の意思を伝えようとしても、聞いた上長としては当然「待て待て待て」となりますから、この話がひっくり返る可能性があるからです。逆に言えば、会話で伝えようとしている人は、引き留められたいという気持ちがあったり、上長の話によっては残るという可能性もまだ捨て切れていないといえます。

退職届を書く、という行為自体が決断です。

「いろいろと考えましたが、書いてある通りです」

と提出をしてしまえば、その時点で意思を会社に伝えたということになりますし、必要以上に会話をする必要もなくなります。これを目の前で破られるということはほぼないでしょうが、それすら想定して2通書いておけば、さすがにそこまで意思の固い人を会社も止めようとは思えないでしょう。とにかく、会話だけでなんとかしようとしないことです。

②引き継ぎのスケジュールを決める

これは退職届を出すタイミングで、どういった段取りで引き継ぎを行っていくつもりだということを自分で伝えましょう。

なお、担当者の引き継ぎのアポイントメントは行く必要はありません。僕自身やった経験もありますし、クライアント側としてされた経験もありますが、建設的な話にはなりませんし、無意味だなと感じました。担当者が変わってもお付き合いが続くのであれば、本来後任者が一人で行けばいいのです。「本来なら直接伺ってご挨拶すべきですが〜」という挨拶メールが合理的です。

アドバイス

あなたが辞めて回らなくなるのは社長の責任

退職決定後の仕事の仕方

○ 知るべきポイント

必要以上に話をしない

退職届も受理され、あとは引き継ぎなどをしていくだけとなっても1ヶ月近く会社にいるというのはざらにあることだと思います。ここで気をつけてほしいのは、上長や同僚と必要以上に話をしないこと、そして相談をしないことです。

相談をするというメンタルは、ほとんどの場合引き留めてほしいかもしくは自分を肯定してほしいというところから来ています。**「会社を辞めて次に行く」という答えが決まっている場合は、相談はすべきではありません。**あまり今回の退職、転職について話しすぎると、「何が不満だったの?」という話になり、不満な点が明確になると、一緒に解決しようという話の中で引き留められたりもします。僕も不満を伝えた後、すぐに解決策を提示され、意思表示後、1年残ったという経験があります。

残留してもポジティブにはならない

でも、これは結局辞める人にも会社側にもいいことはありません。会社からするとなんとか引き留めたけれどまた辞めると言い出すかもという懸念が出てきます。

また辞めるかもと思うと評価もしにくいですし、その人が「辞めるかもな」という頭でいると**結局その人に重要な仕事は任せづらくなります。**実際に辞めるとなったら「ちゃんと引き継いでくれるだろうか」という懸念まで出てきて周囲がすごく気を遣います。これは当然本人にも周囲にも伝わりますので、「あの人だけ特別扱いされている」ということで反感を買って、別のハイパフォーマーが辞めてしまうというケースもありました。

100%の円満退職はない

円満退職は理想的です。しかし、次のキャリアと天秤にかけた時、未来を優先すべき場合が多いです。会社としては活躍している人は本当は辞めてもらいたくないからです。**本当の意味での円満退職はない**と思った上で、お互いダメージを最小限に抑えるにはどうしたらいいかを考えた方が建設的です。

アドバイス

誰しも最後は必ず「辞める」

入社までの1ヶ月ですること

知るべきポイント

自己紹介の準備とメモ帳の用意

いよいよ、来月入社という段になったとき、何をすればいいでしょうか？
私は、準備をするというなら本当は適当な本を読んだりするより、出すべき成果に対してその準備をもうしていった方がいいと思います。ですが、内定段階で会社側からそういったことがないのであれば、やるべきことは2つで、**①自己紹介の練習と②新しいメモ帳の用意**です。

自己紹介は、朝礼や紹介の際にもちろん言うでしょうが、それで終わりではなく、最初のうちは人に会うたびにすることです。ですから、きちんと練習をしておきましょう。入社したての頃は、「どんな人なんだろうか」とみんな様子見のような段階です。それであれば、**正しく覚えてもらい、正しく認識してもらい、受け入れてもらうことが一番大事**です。自己紹介の練習をしておくというのがベターです。

次に新しいメモ帳の用意です。これは受け入れる準備、学ぶという姿勢を持つためにメモ帳を準備するということです。前職とは違うやり方、ルーティン、定例会議など覚えていくことはいくらでもあります。とにかくメモしまくりましょう。

入社する会社を調べすぎないこと

1点注意すべきポイントとして、時間があるからと言って**ネットなどで入社する会社の情報を調べすぎてもあまり意味がない**ということです。調べてみても、成長している企業ほどどんどん変わっていくので、ホームページと実態にギャップがあるということもよくあります。

ウェブに載っている情報はあくまで参考程度にしましょう。**実態が全てです**。企業側の発信している情報は見せたい像に近づくように加工していますし、転職者の口コミサイトみたいなものもイヤで辞めている人が書いていることの方が多いでしょう。その転職に納得している人はわざわざ「納得しています」とは書かないものです。あまり参考にならないと思った方がいいでしょう。

アドバイス

スケジュール帳の移行を忘れずに

白紙の気持ちで、働き始める

知るべきポイント

自分が今できることで成果を出そうとしない

いざ、新天地で働き始めるというときに大切にした方がいいと思うのは、新卒の気持ち・白紙の気持ちで頑張るということ。この方が結果も出やすいです。転職を繰り返す人に多いのが、**1社目の仕事のやり方を一向に変えられないというケースです。**

例えば、1社目が訪問販売で「説得して売る」ということが正しい営業だと学んだ人は、それにこだわるあまり、2社目が企業相手のお客さまだった場合にはまったく結果が出ないということが起こりえます。また、1社目が大手だった人で、「前の会社ではこうだったのに、なんでできないんですか」「これは、営業に任せればいい仕事じゃないですか」といった思考になってしまって、チーム内で不和が生じるということもよくあります。これは、厳しい言い方をすると、その人に実力があったわけではなくて、周りが優秀だったから結果が出ていた例と言えます。上司や同僚の実績を自分のものと混同してしまい、それが分解できないまま2社目に来てしまっているのです。こういう人は、なぜ成果が出ないのかというギャップに苦しむケースも多いです。あとは**「私の前職ではこうでした」**ということを1～2回なら構いませんが、10回20回言われると、プロパーの人からしたら腹立たしいものです。どんな会社にも一定数いる人ですが、改めて注意しておきたいポイントかと思います。

自分の経験にこだわらない

ここまでの話からもわかるように、前職の仕事のやり方にこだわりすぎるのは、避けましょう。「人事で何年やってきたから、同じく人事で結果を出すんだ」となると、情報源が過去の自分しかなくなってしまいます。過去の経験のみから答えを探そうとしても、時代にマッチしなくなったり、会社も変わっていったりして自分のキャリアが逆に活きないのです。それよりかは、いま求められていることや課題に対してきちんと応えていけば、**勝手に個性や自分の持っている知見は出てくるはずです。**経験をもとにするのではなく、出会った課題にたまたま自分の経験が活きるよう、白紙で臨みましょう。

アドバイス

新卒入社の頃のようにスポンジマインドで

おわりに

ここまで読んでいただきありがとうございます。

「転職面接」にあたって、一般的な作法、それぞれの本音と建て前、準備すべきこと、決断すべきこと等……参考にしていただけたでしょうか。

本書の目的は、あなた自身のキャリアを主体的に作るお手伝いです。

くどいようですが、僕自身「転職活動」を推奨しております。転職自体は推奨しておりません。

転職活動を行い、内定を得て、結果的に転職するか否かは別の話です。

僕自身、24歳で初めての転職活動を行った後、「転職しない」という決断を下した結果、翌年にグループ会社の取締役に抜擢頂くことができました。当時の「転職しない」という決断の背景には、「今与えられている環境で結果を出せなければ、どこに行っても同じだ」と気付けたからです。結果を出し、偉くなって、できることが増えてからまた、自分のキャリアを考えようと決めました。その後、独立起業し、Ｍ＆Ａを複数回行い、上場企業の経営を任されるまでに至りました。31歳で自分自身、初めて転職をすることにしました。この背景には「転職活動」を行い、その後「決断」をしたことが分岐点となっています。今の職場で結果を出すと決めたのです。正直、実力があったわけではありません。唯一「決断」をしたか否かは、その後のキャリアをつくる上で大切な経験となります。

「あなたが選ばれる理由は何か」「あなたの会社が選ばれる理由は何か」個人と会社がそれぞれの「独自性」を求められる時代になりました。

あなたの「独自性」を高めるための方法はたった1つです。より高いレベルに身を置くことです。簡単には肩を並べられない人に囲まれることで、自分自身の存在意義を考えることができます。さらに独自性は出そうとするものではなく、高い目標にコミットしていく中で、勝手に出てくるものです。つまり、環境を変えることで自分自身をレベルアップさせようとする意図での転職は推奨します。それ自体、日本にとって世界にとってプラスだと思います。

また、転職をしないにせよ、今の環境とは別のコミュニティに属することなどで、擬似的に転職した後と同じ状況を作ることも可能です。

人生を決める、キャリアを作る「決断」をすることによって、確実にあなたの人生は変わります。何かを変えたいなら、職務経歴書を書いて、転職サイトに登録をしましょう。

面接の日程を決めましょう。一歩動き出せば、何かが変わります。自分や今いる会社の価値に気付くことができます。何もしないことが正解なのではなく、「転職活動」をした上で、結果「動かない（転職しない）」と決めることが重要なのです。

会社に依存せず、あなたが自身のキャリアを開拓していくためには、「経験資産を増やす」ことが求められます。経験資産を増やす上での3つのポイントを次に記載します。

①できる種類を増やすこと

「営業ができる」「企画ができる」「経理ができる」などです。

②できる程度を大きくすること

「1000万円規模の商品を営業できる」「100名規模の組織の経営企画ができる」「10社以上の連結決算処理ができる」などの数字の部分です。

③積み上げ目標を持つこと

「今月達成」「来月達成」という刹那的な目標だけでなく「通算」「累計」など積み上げの目標を持つことです。

これらの経験は誰にも奪われることはありません。あなたの経験資産として積み上がります。獲得すればするほどあなたの経験価値は高まります。この「できること」の手玉を増やし、それらの程度（レベル）を高めていくことが、あなたのキャリアを作る上で優位に働きます。本当にやりたいことが見つかった時に、経験資産が物を言います。

「定期的に職務経歴書を書く」という行為自体が、あなたのキャリアを作ります。それは日常に落とし込むことができるはずです。あなたが得た経験は、文字に落とし込んで初めて人に伝わる価値となります。振り返りを行い、自分のキャリアの進捗を見直すこと。オンライン上のポートフォリオ作成サービスを使うことをオススメします。ＷｏｒｄやＥｘｃｅｌファイルで作ると、見返す機会が減りがちです。

本書を読んだ上で、それでも一歩が踏み出せない人は、次のページで紹介する動画をご覧ください。著者福山自身の個別具体的なキャリアについての説明動画となっております。「そんな決断していいんだ」という気付きが得られるよう、知見を散りばめております。ぜひ、お手元のスマートフォンでご覧頂けたらと思います。

本書との出会いが、あなたらしい人生を切り開くきっかけとなることを、切に願っております。

２０２０年２月　福山敦士

【書籍ご購入の方へ、特典動画のご案内】

以下に掲載のQRコードより動画サイトへ遷移し、再生リストから動画を選択の上、閲覧ください。

動画の内容（予定。変更の可能性があります）

・最初に

・新卒時代

受けていた会社はどこか／サイバー時代の失敗／サイバーで得られた成功／生まれ変わってもまたサイバーに入るか

・結婚

なぜ結婚したのか／うまくいっているのか／理由はなぜか／よっちマンは元気か

・副業

副業実績について／副業における失敗談／副業を始めたきっかけと副業に関する考え

・独立

福山敦士《ふくやまあつし》

新卒でサイバーエージェントに入社。入社早々に転職活動を行うも内定をもらえず断念。

社内転職(異動)を3度繰り返し、25歳でグループ会社(株式会社シロク)の取締役に抜擢される。

27歳で独立起業後、オンライン秘書サービス「neconote」、人材紹介業、ビジネスYouTube事業など起ち上げ、3度のM&Aを実行。売却先の株式会社ショーケース(東証一部)にて取締役人事本部長に就任。PMI、組織改革、採用育成、人事制度再設計、企業買収、新規事業開発などに従事。2020年、ギグセールスと経営統合、取締役就任。学生時代は野球ひと筋。甲子園ベスト8。

著書複数、累計10万部。慶應義塾高校にて「ビジネス実践講座」を担当。


「最強《さいきょう》の内定《ないてい》」を手《て》に入《い》れる!

新《あたら》しい転職面接《てんしょくめんせつ》の教科書《きょうかしょ》

2020年 3 月1日　第1刷発行
2021年11月5日　第2刷発行

著者　福山敦士《ふくやまあつし》

発行者　佐藤 靖

発行所　大和《だいわ》書房
〒112-0014 東京都文京区関口1-33-4
電話　03(3203)4511

ブックデザイン　山之口正和(OKIKATA)
校正　円水社
本文印刷　厚徳社
カバー印刷　歩プロセス
製本所　小泉製本

ISBN978-4-479-79717-3

http://www.daiwashobo.co.jp